美国历史保护法研究

左金风 著

中国建材工业出版社

图书在版编目（CIP）数据

美国历史保护法研究/左金风著. --北京：中国建材工业出版社，2021.5
ISBN 978-7-5160-3178-0

Ⅰ.①美… Ⅱ.①左… Ⅲ.①建筑—文化遗产—保护—法规—研究—美国 Ⅳ.①D971.221.6

中国版本图书馆CIP数据核字（2021）第054155号

美国历史保护法研究
Meiguo Lishi Baohu Fa Yanjiu
左金风　著

出版发行：	中国建材工业出版社
地　　址：	北京市海淀区三里河路1号
邮　　编：	100044
经　　销：	全国各地新华书店
印　　刷：	北京雁林吉兆印刷有限公司
开　　本：	787mm×1092mm　1/16
印　　张：	9
字　　数：	200千字
版　　次：	2021年5月第1版
印　　次：	2021年5月第1次
定　　价：	**50.00元**

本社网址：www.jccbs.com，微信公众号：zgjcgycbs
请选用正版图书，采购、销售盗版图书属违法行为
版权专有，盗版必究。本社法律顾问：北京天驰君泰律师事务所，张杰律师
举报信箱：zhangjie@tiantailaw.com　举报电话：（010）68343948
本书如有印装质量问题，由我社市场营销部负责调换，联系电话：（010）88386906

目　　录

第一章　美国历史保护法概述 …………………………………… 1
　　第一节　美国历史保护法 ……………………………………… 1
　　第二节　美国历史保护法调整的法律关系 …………………… 5
　　第三节　历史保护中公权力和私权的平衡 …………………… 11

第二章　美国联邦历史保护法 …………………………………… 26
　　第一节　美国《国家历史保护法》 …………………………… 26
　　第二节　美国《国家环境政策法》 …………………………… 43
　　第三节　美国联邦《运输部门法》 …………………………… 46
　　第四节　文物和考古资源保护的法律 ………………………… 47
　　第五节　1935 年《历史古迹法》 ……………………………… 49

第三章　美国州历史保护法 ……………………………………… 52
　　第一节　州授权法 ……………………………………………… 53
　　第二节　州历史保护法 ………………………………………… 56
　　第三节　州环境政策法 ………………………………………… 60
　　第四节　州历史登录 …………………………………………… 63

第四章　地方历史保护法 ………………………………………… 66
　　第一节　美国地方历史保护法的合法性的条件 ……………… 66
　　第二节　美国地方历史保护法的一般内容 …………………… 69
　　第三节　纽约城市地标法 ……………………………………… 85

附录 1　美国联邦《国家登录条例》 …………………………… 100
附录 2　纽约《城市地标法》 …………………………………… 113
附录 3　美国《国家历史保护法（修订版）》节选 …………… 132

第一章 美国历史保护法概述

第一节 美国历史保护法

一、什么是历史保护法

美国对文化遗产的保护叫"历史保护",保护的范围非常广泛。为什么叫历史保护?原因在于"美国是一个实用主义根深蒂固的国家,手段完全服从理念",为保存历史而保护历史财产是美国的文物保护理念[①]。

在美国,历史保护已经成为一项国家政策,不是哪一个部门的责任,而是从联邦到各州,从国家到个人组织起一张对文化遗产的保护网。在法律上,不仅联邦、州、部分地方有专门的历史保护法,而且其他法律也有保护历史财产的重要条款。可以说,这些法律法规互相交织,共同构成保护历史财产的网络。Christopher Duerksen 在《历史保护法手册》中指出,历史保护法"是现存各个领域的几部法律例如土地利用和规划法、不动产法、税法、地方性法规、宪法、行政法等组合而成的大杂烩,在某种程度上,尤其是在地方法律层面上,历史保护法与土地利用和规划法接近,规则非常相似。比如规划法、地方地标和历史区域保护法以及与宪法对私人财产的保护,在控制政府行为的标准方面,在实质上是一致的。但是现在历史保护法已经超出地方法律的范畴,涵盖一些特殊的法规,例如州和联邦行政程序法、一些特有的历史保护法律规则,税收法律中特殊的规定等。今天,如果历史保护人士只知道如何运营地方历史博物馆,就已经过时了。他必须知道地方规划和土地利用法,了解联邦所得税法典如何在历史保护上起作用,州实施法的内容以及美国最高法院对历史保护法律与个人财产的保护之间是如何认识的。"[②]

在这个大杂烩中,历史保护法和规划法的关系最紧密。在利用和控制土地时,历史保护被认为是应该考虑的因素之一,有些美国州要求地方政府,在制定详细性规划时,要和城市总体规划和细则相一致,并且要有历史保护的内容。例如伊利诺伊州埃文斯顿市的 1974 年总体规划中有"保护具有建筑价值和历史价值的房屋"的要求,并且在保护这些房屋时"协助居民获得所需要的基本知识、法律和财政资源"。根据 1974 年总体规划,埃文斯顿规划委员会促请城市理事会为落实 1974 年总体规划,制定历史保护法律。1975 年成立埃文斯顿历史保护委员会。1980 年对历史保护委员会的工作进行评估,对以后进一步落实目标提出建议。可见,城市规划的制定有利于历史保护的实施。

[①] 王世仁:《为保存历史而保护文物——美国的文物保护理念》,《世界建筑》2001 年第 1 期 72-74 页。
[②] Christopher J. Duerksen. Preface. in A handbook on historic preservation Law. The Conservation Foundation and the National Center for Preservation Law, 1983.

在美国，历史保护法不是一个单独的法规，而是围绕保护文化遗产，形成一个网状的法律体系。有几个重要的法律构成这个法律网络的主要节点，本书将在第二章、第三章、第四章予以详细介绍。

二、美国历史保护法的发展

美国历史保护法经历了以下几个阶段。

（一）立法保护历史财产开始阶段（19世纪30年代至19世纪50年代）

1. 地方立法

19世纪20年代以前，只是零星的历史保护行为，并没有明确的法律，主要通过向私人购买，获得产权，然后把建筑遗产用于展示著名历史事件或伟人事迹。例如，托马斯·杰弗逊的蒙蒂塞洛庄园，乔治·华盛顿的佛农山，费城的独立纪念堂等。建筑遗产保护的重点是单一建筑，主要是建筑遗产保护积极分子开展活动，政府并没有参与。

19世纪20年代以后，地方政府开始关注建筑遗产的保护，不仅保护单个建筑，也保护成片的建筑群；单体建筑有建筑风格，建筑群也有区域建筑风格。随着对区域建筑风格的关注，产生了"历史区域"的概念。这些建筑大部分是私人享有所有权，对这些私人拥有的建筑遗产如何保护？如果采用以前的赎买方法，政府需要建立庞大的公共基金用于购买和修缮，这在资金上是不可能的。因而通过制定保护建筑遗产的标准和规则，是最便利和最现实的做法。

在美国，规范私人行为，制定建筑遗产保护法，是地方政府的行政权力。第一部历史保护法是南卡罗来纳州的查尔斯顿市于1931年制定的。通过该法，建立建筑审查委员会，对影响查尔斯顿老街区外貌的施工行为进行审查。以前人们只是关注单个建筑或者场所的保护，这部法第一次提出"整体性"（tout ensemble）的概念，保护历史区域整体风貌。查尔斯顿市为其他地区提供一个样本，对一些城市产生影响。例如，新奥尔良、路易斯安那、马里兰等城市，也开始制定法规，授权建筑审查委员会对历史区域进行保护。路易斯安那州在1936年修改宪法，授权新奥尔良市有权制定地方法律保护Vieux Carré历史区域。1939年圣安东尼奥市和得克萨斯市制定地方法律保护La Villita历史区域和旧的墨西哥农村交易市场。查尔斯顿市另外一个有影响力的保护措施，就是在美国设立第一个政府保护周转基金（revolving fund），通过私人组织"保护古老建筑协会"（Society for the Preservation of Old Dwelling），贷款给历史财产所有权人对历史财产进行修复，当这些财产被出售或者出租时，再从盈利中收回贷款。

2. 联邦立法

联邦政府主要关注保护自然资源和建立国家公园。直到19世纪末期，为了保护美国内战战场遗址，美国国会授权联邦政府购买该片土地，建立国家战争场所公园[①]。但

[①] 葛斯底堡战争是美国内战起到历史转折作用的战役，也是热兵器时代战术改变的开始。葛斯底堡场所保护开始于内战结束前，当时宾夕法尼亚州议会和宾夕法尼亚内战士兵联合会开始保护烈士公墓，同时购买土地。1870年联邦政府开始接管公墓，1895年开始管理战争场所，从1933年开始建立"葛斯底堡国家军事公园"（Gettysburg National Military Park），包括墓地和战场，由国家公园管理局负责。1974年在战场附近的私人土地，建立307英尺高的商业瞭望塔，公共组织提起诉讼，当事人同意瞭望塔远离战场，2000年国家公园管理局予以征收并拆除。1975年建立葛斯底堡战争场所历史区域，涵盖战场和邻近区域，并在"国家登录"上作为历史区域进行登录，并授予"历史区域"称号。

是征收是否合乎宪法？Gettysburg Electric Railway 公司在诉讼中提出质疑。法院在 United States v. Gettysburg Electric Railway Company①一案中，认为葛斯底堡战争是美国历史上重要的一次战役，公民可以在发生地重温历史事件，吸取历史教训。这种对土地的利用，可以培养公民对英雄的爱戴和敬意，因而为保护对国家历史有重要纪念意义的战争场所进行征收，是符合公共利益的。

在联邦立法层面，1906 年制定《文物保护法》（the Antiquities Act），没有政府许可，不允许在美国政府拥有或者管理的土地上占用、挖掘或者破坏文物。1916 年制定《国家公园管理局法》，设立国家公园管理局，保护和管理自然、文化资源。1935 年制定《历史古迹法》（the Historic Sites Act）第一次明确保护具有国家价值的历史遗址、建筑、物品是一项国家政策。

（二）立法保护历史财产发展阶段（19 世纪 50 年代至 19 世纪 60 年代末期）

1. 地方立法

20 世纪 50 年代，美国中产阶级被旧建筑的魅力和特色所吸引，对旧建筑的喜爱远远大于对新修建筑的喜爱。历史保护成为整个社区复兴的重要推动力。在东南和东北地区，一些历史区域登录可以刺激私人投资。华盛顿特区的乔治城的立法者、政府官员都积极投入历史保护法的制定。一些已经衰败的房子变成时髦的住宅区，同样的现象也发生在费吉尼亚的亚历山德里亚（Alexandria, Virginia）。在波士顿的比肯山历史区域（Beacon Hill Neighborhood of Boston），1955—1962 年，房地产价值翻了 3 倍。在新奥尔良的法国区（Vieux Carré），由于其历史和爵士乐的魅力，旅游业带来每年 1.5 亿美元的收入，使新奥尔良成为一个样板城市。其他城市如萨凡纳市、佐治亚市等，看到新奥尔良旅游业的成功，也纷纷仿效。萨凡纳市在 1965—1970 年之间，有 275 万美元的私人资金投入到历史区域的修缮，城市中特色历史区域，也吸引了大批游客，旅游业带来的消费从 1962 年的 100 万美元提高到 1977 年的 3500 万美元。

美国东南部和南部城市和地区首先开始制定地方法规保护建筑遗产，到了 19 世纪 50 年代，在东北部也开始通过制定地方法律保护建筑遗产。1957 年之前，在东南和东北地区有 11 个地方制定保护法律；到 1965 年，增长缓慢，包括中西部和西部，只有 51 个地方制定保护法律。

2. 联邦立法

在联邦立法方面，1949 年制定《联邦财产和行政服务法》（Federal Property and Administrative Services Act），为了公共利益，充分合理地使用国家历史地标，经内务部部长决定，联邦行政部门可以把历史地标的所有权和利益转让给州、州的行政机关或者市政府。同年制定《国家历史保护信托基金法》（National Trust for Historic Preservation），创设国家历史保护信托基金会，鼓励公众参与保护历史财产。该基金会是一个非营利组织，成立后推动了美国历史保护的发展。1960 年制定《考古和历史保护法》（Archeological and Historic Preservation Act），该法为了贯彻执行 1935 年制定的《历史古迹法》，保护具有国家价值的历史遗址、建筑、物品以及文物等，要求联邦政府机

---

① United States v. Gettysburg Electric Railway Company, 160 U. S. 668 (1896).

构在建造水坝或者颁发建造水坝的许可之前，书面通知内务部。

(三) 美国历史保护法成熟阶段（20 世纪 60 年代晚期至 21 世纪早期）

1. 联邦立法

在这一阶段，联邦国会制定大量的法规，美国历史保护法进入成熟阶段。1966 年联邦国会制定《国家历史保护法》，建立联邦—州—地方历史保护体系。同年制定《运输部门法》(the Department of Transportation Act)。该法第 4 节（f）条款要求联邦运输部门在许可或者负责交通运输项目时，要保护历史财产。1969 年制定《国家环境政策法》，历史财产保护是环境保护的一部分。这三部法在美国历史保护法网络中，是重要的节点，在第二章详细介绍。

除此之外，1972 年制定《国家水下保护区法》(Nationnal Marine Sanctuaries Act)，弥补以前只保护水上历史财产，忽略水下资源保护的遗憾。同年制定《沿海区域管理法》(Coastal Zone Management Act)，高效管理、使用、保护、开发沿海区域。1976 年制定《国家公园开采法》(Mining in the National Parks Act)，第 9 条规定，如果在国家公园开采有可能损害自然或者历史地标，造成不可修复的破坏，内务部部长应当通知当事人和历史保护咨询委员会，历史保护咨询委员会要求当事人采取减轻损害的措施或者取消该项活动。同年制定《公共建筑合作使用法》(Public Building Cooperative Use Act)，要求在提供一般公共服务时，行政机关应当使用具有历史和建筑意义的建筑。1978 年制定《美国印第安部落宗教自由法》(American Indian Religious Freedom Act)，保护美国原住民的传统信仰，联邦政府机构在执行历史保护法中，有关原住民的宗教和文化权利时，总统要向国会报告。1979 年制定《考古资源保护法》(Archaeological Resources Protection Act)。该法是对 1906 年《文物保护法》的完善。1988 制定《废弃船舶法》(Abandoned Shipwreck Act)，各州有责任管理水下生物和非生物资源，包括废弃船舶。1990 年制定《美国原住民坟墓保护和维修法》(Native American Graves Protection and Repatriation Act)，保护美国原住民的遗留物和物品。1991 年制定《多式联运地面运输效率法》(Intermodal Surface Transportation Efficiency Act)。该法 1016 条要求在建设国家高速公路系统时，要保护环境、风景以及历史财产。2002 年制定《美国战争场所保护法》(American Battlefield Protection Act)。该法是对 1996 年《美国战争场所保护法》的修订，成立内战遗址咨询委员会（Civil War Sites Advisory Commission），2004—2008 年，每年拨款 1 亿美元用于购买战争场所之外的土地。2004 年制定《沉没军事物品法》(Sunken Military Craft Act)，这些军事物品虽然沉没在地下或水中，但是美国政府并没有放弃对其的所有权和权益，没有许可，不能挖掘、拥有、占用移动、破坏它们。

联邦立法从各个方面保护各类历史财产，本章第三节还要介绍联邦税法对历史财产的保护。

2. 地方立法

20 世纪 60 年代中期到 80 年代末期，通过立法保护历史资源的地方越来越多。国家历史保护信托基金会在 1975 年调查发现有 421 个地方有保护法律，其中 200 个在东北各州。10 年后，这个数字翻了两倍多。原因有以下几个方面。

(1) 联邦立法的影响

1966年，《国家历史保护法》规定地方政府经过认证，符合条件，可以分得联邦政府划拨给州政府的历史保护资金。认证的条件之一，就是要有历史保护法规。所以地方政府为获得资金支持，必须立法。

(2) 联邦最高法院判决的推动

20世纪60年代晚期到70年代早期，随着美国民众环境保护意识的提高，对制定保护建筑遗产法律的兴趣也急剧增加。地方政府意识到历史保护可以吸引私人投资，从而有利于社区复兴，例如波士顿、费城、查尔斯顿、南卡罗尼亚等地方政府。在社区复兴中，要确保对历史建筑修缮过程中，其建筑特色没有丢失，必须对外部修缮的设计进行控制。

但是对当时地方政府有无制定法律保护建筑遗产的行政权力，并没有定论。1978年，Penn Central Transportation Co. v. New York City[①]。在该案例中，美国联邦最高法院第一次肯定地方制定法律保护地标是符合宪法，以推动地方保护法律的发展。1983年，美国有800~1000个地方制定保护法律。这些法律并不是制止对历史财产的任何改动，而是建立一个机制，保护建筑遗产的完整性不被破坏。20世纪70年代末期以后，美国地方政府制定法律保护文化财产，得到各级法院的支持。

第二节　美国历史保护法调整的法律关系

从法律关系的角度分析美国历史保护法，就是要回答三个问题：历史保护法要保护的对象是什么？要调整哪些人的行为？政府制定法律进行调控，保护历史财产的依据是什么？

一、历史保护法保护的对象

在美国，历史保护法保护的对象是历史财产，有时也叫历史资源。例如，美国内政部1995年的《历史财产维修标准》（Standards for the Teatment of Historic Properties）条文中称为"历史资源"。这些财产有的在国家或者州、地方历史财产上登录，有的虽然没有登录但是符合登录条件，也属于历史财产。

历史财产的种类非常广泛，根据美国联邦《国家登录条例》（参见本书附录1），在《国家登录》上登录的是对美国国家、州或者地方历史、建筑学、考古、工程技术以及文化方面有重要意义的区域（districts）、遗址（sites）、建筑（buildings）、构筑物（structures）、物品等（具体的定义将在本书第二章介绍）。

除此之外，战争场所也是历史保护法的对象。美国本土发生的大规模战争主要是美国南北战争，美国专门制定法律保护战争场所。例如，葛底斯堡战争场所就是非常典型的历史场所。由于葛底斯堡之战是美国内战的转折点，美国前总统林肯在附近的公墓上发表了著名的葛底斯堡演讲，因而葛底斯堡战争所在区域被授予"国家历史场所"称

---

① Penn Central Transportation Co. v. New York City, 438 U. S. 104 (1978).

号。1896年，葛底斯堡电力火车轨道公司（Gettysburg Electric Railway Company）计划修建一条铁路穿越葛底斯堡战争场所，美国政府反对并且起诉，联邦最高法院支持美国政府禁止葛底斯堡电力火车轨道公司修建铁路的计划。

在一些州和地方，历史保护法的对象叫地标（参见本书第四章和附录2纽约《城市地标法》），包括建筑遗产、室内地标、景观地标等。

在所有历史财产中，建筑的比例最大。例如，在美国佐治亚州保护名录中，建筑所占数量最大，其中住宅最多，占全州所有历史财产的80%，占全州在国家历史财产保护名录中历史财产的70%[①]。原因就在于历史感是人在环境中的感觉，是一个人处于一个地方时，身体和情感的感受，而不是身体在钢筋水泥中穿越，感觉上和其他地方无法区别，时间感丧失。建筑遗产可以给人感受时间的流逝。如果把城市可辨别性建筑拆除，替代为商业大厦，身处这样的环境，让人不得不困惑：究竟在哪里？历史感就像一个坐标，它标明我们身处何方。建筑遗产是历史文脉延续的载体，如果这些载体受到破坏，文明只能保存在纸面上。建筑遗产还是城市特色的固有的空间品质体现，拆毁有文化价值的建筑，追求怪、新、异的建筑，不仅是对文化的破坏，而且是经济浪费，失去城市特色也失去城市身份标签。为什么很多城市千城一面？就在于只有现代建筑，没有历史建筑或者历史建筑已经被钢筋混凝土建筑掩盖，谈何建筑特色。一个城市没有建筑特色，城市特色也会失去。

所以，建筑遗产是历史保护法中主要的保护对象。从1994年美国国家历史场所登录的比例分析可以发现，建筑登录的比例最高，达到73%。由于所占比重大，美国历史保护法中关于建筑遗产保护的条款最多。

二、历史保护法调整的主体

对建筑遗产的破坏主要来自政府行为和个人行为。在美国，政府对建筑遗产的破坏主要是"二战"后。美国历史保护与欧洲不同，经历了一段大拆大建的时期。"二战"结束后，美国进入城市更新与改造的黄金时期。1949年，美国颁布《住房法》（The Housing Act of l949）。该法的目的就是清除城市贫民窟和衰败区，减少非标准住房，解决严重的住房短缺问题，开创一个有利于发展、繁荣、稳定的新时代。该法案的出台，标志着美国战后城市更新运动的开始。1954年，美国颁布了新《住房法》，除继续加大资金投入力度外，进一步扩大更新改造区域，增加城区商业房地产的开发。该法出台后，城市的整体改造尤其是市中心的商业化改造成为城市更新的重点。1956年，艾森豪威尔政府在顺利解决资金问题之后，颁布了《联邦州际国防高速路法案》，开始修建长达65000km的"安全、快捷、互联互通"州际高速公路系统。州与州之间的运输业也因此变得异常发达，高速公路改变了许多美国人的生活。然而，修建高速公路的过程中，对城市历史建筑和历史街区以及自然景观也造成了极大的破坏。由于当时，历史保护仍然只是民间团体、个人的行为，只有个别城市针对特殊历史区域制定保护法，城市规划中没有保护文化遗产的理念，对城市更新与改造没有限制，在资本逐利的驱动

[①] 李开然，冯炜：《美国佐治亚州的历史保护》，《国外城市规划》2001年第4期23-24页。

下，许多历史建筑被破坏或者拆毁。尤其是1964年，纽约老宾州车站在一片抗议声中依然被强行拆除。在这种背景下，致力于保护历史遗产的精英们认识到，国家出台法律保护历史财产是必然的选择。1965年，在国家历史保护信托基金会的资助下，美国联邦政府成立了"历史保护特别委员会"，开始对欧洲各国的历史保护现状和经验进行考察，发表《如此丰富的遗产》（With the Heritage So Rich）的考察报告。1966年制定《国家历史保护法》，1969年制定《国家环境政策法》，规范政府行为，主要通过程序性条文，平衡保护建筑遗产和政府其他项目之间的利益，保护历史资源免受政府行为的破坏。这些法律并不要求联邦、州或者地方政府，与政府利益相冲突时，必须保护历史遗产，而是要求政府部门严格依照特定的程序，在实施某一破坏行为之前，已经深思熟虑，充分考虑行为的后果。要考虑对历史价值，包括环境、社会经济影响。如果对历史保护有影响，只能是在没有其他选择，并且危害已经降到最低时，才能实施该项目。公众参与对这些法律的实施是非常必要的。许多法律授权个人和组织有起诉的权利以及获得聘请律师费的赔偿权利。

规范个人行为的法律，主要规范有可能破坏或者侵害建筑遗产有特色的部分的行为，例如修改、拆毁、改动等行为。地方政府通过《国家历史保护法》制止对历史财产的拆除、破坏、改动。破坏分为故意破坏和过失破坏。故意破坏往往和资本的驱动相联系。而过失破坏往往是疏忽修缮造成建筑遗产的倒塌。对于财产所有权人或占有人对历史财产的拆除、破坏、改动等行为的调整，主要是州和地方的立法。具体方式在第三章和第四章分析。

三、制定历史保护法的目的

在美国，虽然没有因为法规的目的条款错误，在"司法审查"中而宣布该法规无效的案例，但是目的条款很重要。例如在 Groch v. City of Berkeley[①] 一案中，原告认为伯克利历史保护法是模糊的，没有对审查委员会在审查拆毁许可证时规定明确，但是法院认为，审查委员会可以根据目的条款予以审查，驳回原告的抗辩。

制定历史保护法的根据就是保护公共利益。从公法与私法的角度看，历史保护法属于公法，是政府调控政府部门和财产所有权人（占有人）行为的行政法。财产所有权人或占有人对历史财产的拆除、破坏、改动，其实是对自己的所有物的一种处置方式，背后的动机就是资本逐利。例如，纽约老宾州车站拆除后建立起更高、容量更大的建筑。为什么要对这种行为进行遏制？

文化遗产是人类文明的结晶，如果消失，就只能看到纸上的文明。为了保护公共利益，对权利人要求其履行某种义务，例如承担建筑遗产的修缮维护义务、不得进行拆除、增建等。保护历史财产的基础是保护公共利益。

在美国，保护历史财产是保护公共利益的哪一种？一般制定历史保护法的目的有四种：经济、文化教育、社会功能和审美功能。

---

① Groch v. City of Berkeley，173 Cal. Rptr. 534（1981）.

(一) 经济目的

保护历史财产,有利于旅游业的发展。美国地方立法保护有特色的历史街区,可以吸引公众来此地旅游,同时也可以保持甚至提高房产价值。

历史保护的另外一个经济意义是节约资源,爱护环境。美国绿色建筑委员会(U.S. Green Building Council)在 2002 年的报告 BUILDING MOMENTUM: NATIONAL TRENDS AND PROSPECTS FOR HIGH-PERFORMANCE GREEN BUILDINGS 中指出:建筑消耗了将近三分之一的能源、水资源和物质资源,同时产生同样比例的垃圾。而旧建筑的重新利用,可以节约资源。

(二) 文化教育

百闻不如一见,在参观或者接触文化遗产的过程中,人们也感受到蕴含在历史财产中的文化魅力。国家公园管理局(NPS)在负责保护历史财产的同时,也负责文化教育,免费在国家公园和历史名城提供讲解服务。例如在美国波士顿市,国家公园管理局有一条波士顿革命游览路线,设有旅游咨询点,定时免费提供导游,介绍波士顿"倾茶事件",游览美国独立革命遗址。

(三) 社会功能

美国是一个移民国家,提高国家向心力,培养民族自豪感,是非常重要的。1966年,其《国家历史保护法》第 1 条明确指出:国家的精神和发展方向植根于历史财产,并从历史财产中得到反映;为了给美国人民以历史方向感,国家历史与文化的基础作为社区生活与发展的鲜活一部分应当保护。《纽约城市地标法》的立法目的之一,就是培养市民对过去的美好和优秀人类成果的自豪感。保护历史资源,保护现实中的"历史",有利于培养国家认同感。

(四) 审美功能

1. 历史发展

在美国,对经济、文化教育、社会功能的立法目的,法院一般予以认可,但是对保护历史财产就是保护"美",把"审美"作为单独的立法目的,"生活美好"作为行政机关制定法律,调整土地利用,限制历史财产所有权人,被法院接受和认可,是一个渐进的过程[①],法院对"生活美好"的解释起到关键的作用。

20 世纪 20 年代中期,行政权基于公众健康、安全和福利的原因而行使,才有法律的正当性,虽然公众健康、安全和福利的解释很宽泛,但是法院不支持以"生活美好"为理由行使行政权,原因有两个。一个原因是,美不是必需品,而是一种奢侈、让他人堕落的物品。保护美学价值不是被认为是制止对公众美学的伤害,而是被认为由于没有给私人所有者以补偿,而保护公共利益,是和公众利益的一种交换,损害到私人所有者的利益。另外一个重要原因是美的主观性,如果把它写入法条,这部法具有任意性,根据美国《行政程序法》是无效的。美的重要性和内容被认为是矛盾的,没有一个统一的

---

① James P. Karp, "The Evolving Maning of Aesthetics in Land-use Regulation," Columbia Journal of Environmental Law 1990, no. 15: 307.

认识，可是法院需要一个客观的标准，因而不能单独成为法律保护的对象。这种观点到了 20 世纪 70 年代，仍然有一些法院认同：由于审美的主观性，法院认为以审美为立法目的的法规无效。例如俄克拉荷马州高等法院，在 StateDept. of Transp. v. Pile[①] 一案中，把审美和漂亮等同，认为审美的标准是不能确定的，无法做一个具体的定义，像水一样是变化的。马里兰上诉法院在 Mayor & City Council of Baltimore v. Mano Swartz, Inc[②] 认为制止庸俗和单调的法规是无效的，因为只是个人品位的表现，缺少客观性。

20 世纪 50—60 年代，生活美好能被认为是实施行政权的有效理由，但只有伴随着为了交通安全、保护财产价值或者保护公众健康的目的时才可成为正当理由，即保护美的价值不能单独成为立法目的，美学所占的比例不大。但是同时，在这段时间，生活美好也渐渐引起立法者的注意，法院也渐渐接受保护美学价值是行政立法的目的。例如 1954 年 Berman v. Parker 案，法官认为："公共利益是一个广泛性和包容性的概念。它所体现的价值既有精神的也有物质的、美学的以及记忆的。"公众利益包括公民对舒适、幸福和不断提高的文化生活的需求。

20 世纪 70—80 年代，生活美好作为行使行政权的理由和行政立法目的被接受。联邦最高法院的两个标志性案例进一步扩大了公共利益的范围。在 Village of Belle Terre v. Boraas[③] 中，法院认为家庭价值、安静以及清洁的空气可以成为行政立法的目的。在 Penn Central Transportation Co. v. New York City 中，为了保护城市的个性和城市独特的美学价值，州和城市都有权制定法律以限制或控制土地利用。有些法院认为不必考虑审美的主观性。例如阿肯色州高等法院在 Fayetteville v. McIllroy Bank and Trust Co[④] 一案中指出，居民希望他们居住的环境更美丽、更有吸引力、更迷人，因而宪法不能制止追求此目的而采取的合理措施。对以审美为立法目的的法规，不必对立法或行政行为采取特别限制。

2. 审美的含义

一般字典对美学的界定为在高雅艺术中有关美的本质和形式的一个哲学的分支。但是法院把美学看作是制止丑陋性伤害的一种途径，是行政机关行使行政权的理由。这个"美"如果从民众的角度看，其实就是"生活美好权"。

在历史遗产保护法中，"生活美好"已经超出视觉的美感，是对丑陋性伤害的制止。Costonis 教授在 "Law and Aesthetics: A Critique and a Reformation of the Dilemmas"[⑤] 一文中认为以保护美丽为由制定的法律是保护社区稳定、分享人类价值观同时又允许新的形式进入的保障。保护地标和历史街区有利于关联性和谐（associational harmony）。

但是什么是生活美好？审美的理解是什么？在美国，对其认识有几层含义。

---

① StateDept. of Transp. v. Pile 603 P. 2d 337 (Okla. 1979), cert. denied 453 U. S. 922 (1981).
② Mayor & City Council of Baltimore v. Mano Swartz, Inc 268 Md. 79, 299 A. 2d 828 (1973).
③ Village of Belle Terre v. Boraas, 416 U. S. 1 (1974).
④ Fayetteville v. McIllroy Bank and Trust Co 278 Ark. 500, 647 S. W. 2d 439 (1983).
⑤ Costonis, "Law and Aesthetics: A Critique and a Reformation of the Dilemmas," *MICH. L. REV*, 1982, no. 80: 355-361.

(1) 视觉的美感

早期案例对审美的定义主要是视觉美感。但是在法律上，这个定义是模糊的。批评家认为视觉美感是个人爱好，如果以此为立法目的，行政机构在执行法规和法院在司法审查时，缺少必需的标准。联邦最高法院在 Metromedia, Inc. v. City of San Diego① 案中驳斥这种观点。法院认为：圣地亚哥的标牌法规的立法目的是审美需要。审美是一种视觉美感。美的判断是主观性的，不是客观性的判断。但是不能因为这个原因，认为以审美作为立法目的的法律是无效的，只是应该进行严格审查。因而法院建议有两种办法控制美感的主观性，一是通过行政程序避免权力滥用，迈阿密高等法院在 Finks v. Maine State② 案中指出审美不可能有详细的、具体的标准，防范行政机关滥用其行政权，应该通过行政程序；二是把它界定在特定的环境中。新泽西州高等法院在 West Outdoor Advertising Co. v. Goldberg③ 认为，被审查的法规保护特定的自然景观和生长不受人力的干预。虽然每个人对特定自然景观的审美感受具有主观性，但是这并不意味着在特定环境下，判定是否存在自然景观的美没有一个标准。也就是说，法院认为虽然对美的感受因人而异，但是存在"美"的统一接受的标准。

(2) 制止脏乱差

在审查以审美为目的的法规的案件中，法院认为是为了制止或减少脏乱差。在 People v. Stover④ 一案中，纽约法院支持禁止在前院晾晒衣物的法规，认为该法规并不是要建立一个审美标准，而是禁止对普通民众的视觉污染，就像是制止对嗅觉和听觉的刺激一样。俄勒冈州高等法院在 Oregon City v. Hartke⑤ 案件中，指出对脏乱庭院的限制法规的出台原因在于人们态度发生改变，在成熟社会中，生活越来越精致，提高了对文化价值的欣赏水平。生活在一个对视觉污染减少的需要不是无理性的。北卡罗来纳州高等法院在审查关于限制脏乱庭院的法规是否合法中指出：该法规的目的是保护社区的特色和统一，可以提高居民的舒适度、幸福感和感情的稳定性。这些利益的保护高于私人财产所有者的利益⑥。

有些法院往往从公共福利的角度支持此类法规，例如犹他州高等法院在 Buhler v. Stone⑦ 案中，司法审查制止个人财产脏乱差的法规。法院认为该法规有效，因为减少不和谐、视觉污染和对环境的侵犯属于公共福利的范围，所以这种规定相当于保护环境的美好。

(3) 传播文化价值

有些法院从社会价值角度，解释提高公民审美能力的意义。例如在 Sun Oil

---

① Metromedia, Inc. v. City of San Diego. 453 U. S. 490 (1981).
② Finks v. Maine State Hwy Comm'n328 A. 2d 791 (Me. 1974).
③ West Outdoor Advertising Co. v. Goldberg 55 N. J. 347, 262 A. 2d 199 (1970).
④ People v. Stover 12 N. Y. 2d 462, 240 N. Y. S. 2d 734, 191 N. E. 2d 272 (1963), app. dismissed, 375 U. S. 42 (1973).
⑤ Oregon City v. Hartke 240 Or. 35, 400 P. 2d 255 (1965).
⑥ State v. Jones, 305 N. C. 520, 530, 290 S. E. 2d 675, 681 (1982).
⑦ Buhler v. Stone 533 P. 2d 292 (Utah 1975).

Co. v. City of Madison Heights①一案中,密歇根州上诉法院认为,社区的美化有利于城市居民心理和情感的稳定,一个视觉上给人满意的城市,能够激发公民的身份认同感和自豪感,这是承担社会责任的基础。加利福尼亚州高等法院在 Metromedia, Inc. v. City of San Diego②审查视觉法规一案中,讨论经济、审美和生活质量的关系,认为经济和审美就像织布一样,共同构成城市的经纬,这是现代城市未来发展的基础。如果政府机关没有对审美的调控权力,城市规划就不可能确保视觉效果。每个城市都应该制定相应的法规,提升城市面貌,提高城市生活质量。虽然法院没有强调视觉美,但是承认审美是城市纹理和城市生活质量不可缺少的一部分。

建筑遗产代表着人类文明的传承和价值,法院在审查保护历史遗产的法规时,一般都会支持保护建筑的文化价值。北卡罗来纳州高等法院在 A-S-P Associates v. City of Raleigh③审查对历史街区进行控制的区划法规,肯定法规的效力,因为对建筑物外观的控制,是符合州保护具有历史意义的建筑的法律。这类法规为理解历史和文化遗产提供了一个视觉媒介。而这种理解为美国下一代对社会、文化、经济的认识提供有价值的视角。

(4) 环境和谐

一些判决认为审美是决策者把开发与自然环境相融合的一种表述,即追求环境和谐。俄亥俄州高等法院在 Franchise Developers, Inc. v. City of Cincinnati④案中,支持通过区划,为创建环境优美社区,制定限制权利的规范。法律就是要协助对土地的开发和环境相协调,保护城市环境。制定这类法律的依据是审美。纽约上诉法院在 People v. Goodman⑤案件中,审查标牌法规有效性,认为该法规是否有效,必须审查是否与社区经济、社会和文化的形式相一致。该法规之所以被法院认为有效,就是因为它的目的是保护文化和自然资源,保护乡村在海湾和海洋之间狭长地带中独特的风景,使它与该区域的文化和自然特性相适宜。明尼苏达州高等法院 County of Pine v. Dept. of Natural Resources⑥支持根据州授权法,制定野生和风景河流的法案是有效的。法院认为州保护独特自然和风景资源的法律都有审美目的,这种规定在理性上并没有和传统的区划不同,而是对社会的日益复杂性和财产资源互相依赖的体现。

从以上法院的判例中,我们可以发现,"生活美好"的含义不仅表现在视觉感受方面,还体现在作用和价值上。

第三节 历史保护中公权力和私权的平衡

保护历史财产,公权力的行使必须适当,否则会侵害权利人的合法权益。在美国,

---

① Sun Oil Co. v. City of Madison Heights 41 Mich. App. 47, 199 N. W. 2d 525 (1972).
② Metromedia, Inc. v. City of San Diego 23 Cal. 3d 762, 154 Cal. Rptr. 212, 592 P. 2d 728 (1979).
③ A-S-P Associates v. City of Raleigh 298 N. C. 207, 258 S. E. 2d 444 (1979).
④ Franchise Developers, Inc. v. City of Cincinnati, 30 Ohio St. 3d 28, 505 N. E. 2d 966 (1987).
⑤ People v. Goodman, 31 N. Y. 2d 262, 266 290 N. E. 2d 139, 142 (1972).
⑥ County of Pine v. Dept. of Natural Resources, 280 N. W. 2d 625, 629 (Minn. 1979).

对公权力行使的限制最基本的法律是美国宪法。美国宪法不是禁止征收，而是禁止没有合理及时补偿的征收。因而避免历史保护法在执行时，出现无补偿征收、违反宪法的情况，就要对历史财产的所有权人予以激励和救济，但是保护私人权利不是无限的，还需要防止滥用权利。

保护建筑遗产，必须注意公共利益与私人利益平衡，如果忽略私人利益，无法调动社会保护建筑遗产的积极性。不能以公共利益为由剥夺个人利益，加重使用人的负担；也不能因为私人利益至上，损毁建筑遗产。保护建筑遗产不仅仅是政府的事，必须有公众参与，在制度设计上，要给予社会公益组织和利益关系相关人参与的途径。

在历史财产保护中，美国平衡公共利益和私人权利有以下几种措施：美国宪法有关保护财产所有权人的条款，对历史财产所有权人的激励政策、免去历史财产所有权人因经济困难保护的义务、限制权利人滥用权利等。

一、美国宪法对历史财产所有权人的保护

美国宪法中有关历史财产保护的条款是第五修正案和第十四修正案中的征收条款、正当程序条款和平等条款，以及第一修正案的宗教保护条款和言论自由条款。

（一）美国宪法中的征收

在起诉土地利用法以及历史保护法违宪时，最主要的案由就是违反美国宪法第五修正案，没有给予补偿，等同于"征收"。

1. 有关历史财产征收案件的种类

征收案件分为三类：实际占有、强征或者开发利用受限、行政许可拒绝。司法审查的程度依据政府当事方侵权的情况而定。一般来说，政府行为不是对财产所有权人使用其财产的直接限制，法院会审查起诉征收背后的政府目的以及对财产的影响程度。

（1）实际占有

这类案件，往往是原告起诉政府侵犯或是占有私人财产。占有可以分为实际占有和推定占有。在公寓建筑安装电线或者电缆属于实际占有；飞机从私人财产上方经常飞越属于推定占有。实际占有和实际征收联系紧密，法院建立"实质"原则，一般要求政府完全公正地补偿。

（2）强征或者开发利用受限

这类案件的特点是，政府在颁发行政许可时，强加某些条件。例如，政府在颁发施工许可时，要求为新的居民小区修建公路。在这种情况下，法院认为：在对财产所有权人增加的负担和受预期开发带来的利益之间必须有关联。换句话说，财产所有权人进行开发的条件和所带来的公共利益之间要有合理的关联性。例如，历史保护委员会在颁发给历史财产所有权人修建后门辅路的"适当证书"时，要求在前门修建一条辅路，就没有必然关联。在 Nollan v. California Coastal Commission[①] 一案中，法院认为修建沿海小路和海岸保护委员会的颁发许可目的之间关联不充分，因而属于征收。

另外，最高法院认为政府为公共利益征收土地应该和预期开发给居民带来的影响之

---

① Nollan v. California Coastal Commission，483 U. S. 825（1987）.

间大致相称。这项原则防止财产所有权人在寻求政府同意时,被强加苛刻条件。在 Dolan v. City of Tigard①案中,最高法院认为泰格德市构成征收,因为在征收绿地和自行车道进行开发,减轻洪灾与避免商店扩张引起的交通阻塞之间的相称性没有大致相称。

(3) 行政许可拒绝

绝大部分有关对历史保护财产征收都属于该类案件,财产所有权人起诉政府拒绝对其财产的使用,属于征收。法院在判定是否属于征收的一个重要标准是"相关联"原则"relevant parcel"。在评估时,要把财产作为一个整体进行判断,而不是只评估限于受法律政策直接影响的部分。例如,历史保护委员会不允许开发房产某一部分,在判定是否属于征收时,要分析对整个历史房产的影响。在 Lucas v. South Carolina Coastal Council②案中,法院确定了剥夺所有获益的可能性,在实质上属于征收的原则。也就是说,使用人遵守历史保护委员会的规定后,会导致财产完全没有价值,就是征收,需要补偿。

2. 历史保护中征收的判断标准

美国联邦最高法院 1978 年宾州中央运输公司诉纽约市政府（Penn Central Transportation Co. v. City of New York③）案,是在判定许可拒绝是否属于征收,历史保护法案是否违反联邦宪法和州宪法的经典案例,确定三原则,被称为宾州中央运输公司案判断标准（The Penn Central Test）。该案确定的标准,在以后案例中如 Palazzolo v. Rhode Island④、Tahoe-Sierra Preservation Council, Inc. v. Tahoe Regional Planning Agency⑤、Lingle v. Chevron, U. S. A., Inc.⑥ 中得到肯定和使用。

(1) 政府行为性质原则

在宾州中央运输公司诉纽约市政府案之前,政府能否制定法规保护历史财产,没有定论。在宾州中央运输公司诉纽约市政府案中,美国联邦最高法院认为:保护历史建筑安全是一个允许通过制定历史保护条例,在历史财产上强加某些限制,实现保护目的而采取合适方法的行政行为合法性的根据。因而保护历史财产的行政行为,在本质上不属于征收。

(2) 经济影响原则

绝大多数涉及征收的历史保护的案件,原告起诉的理由是经济影响,一般要举证证明:法规剥夺其使用财产获得利益的可能。审查重点在于法规对财产获益的可能性影响,而不是财产所有权人获得利益的影响。

涉及根据历史保护条例授予历史称号的财产的案件,被认为属于征收而提起违宪审查,一般都会被法院驳回起诉。宾夕法尼亚州高等法院在 United Artists' Theater Circuit, Inc. v. City of Philadelphia⑦ 中就指出:"自从 Penn 案以后 15 年,没有哪一个州

---

① Dolan v. City of Tigard, 512 U. S. 687 (1994).
② Lucas v. South Carolina Coastal Council, 505 U. S. 1003 (1992).
③ Penn Central Transportation Co. v. City of New York, 438 U. S. 104 (1978).
④ Palazzolo v. Rhode Island, 533 U. S. 606, 633 (2001).
⑤ Tahoe-Sierra Preservation Council, Inc. v. Tahoe Regional Planning Agency, 535 U. S. 302 (2002).
⑥ Lingle v. Chevron, U. S. A., Inc., 544 U. S. 528 (2005).
⑦ United Artists' Theater Circuit, Inc. v. City of Philadelphia, 635 A. 2d 612, 619 (Pa. 1993).

涉及授予历史称号的财产被认为属于征收，导致历史保护条例无效。

申请改动或者拆毁历史建筑的许可被拒绝，财产所有权人提起征收诉求，通常情况下法院会驳回起诉。联邦法院和州法院一致认为：根据历史保护法，制止财产所有权人增加建筑高度的政府行为没有违反宪法。如果财产所有权人可以获得合理的投资回报或者在目前状态下或者修缮后继续使用财产，就不属于征收。有些法院还要求财产所有权人必须举证售卖或者修缮后售卖，不能收回投资的证据。例如在 Maher v. City of New Orleans①一案中，原告认为，新奥尔良 Vieux Carre 保护条例违反宪法，因为历史保护委员会根据该条例，没有通过申请拆除其享有所有权的小屋，颁发在原址建造公寓的许可。法院认为：原告没有证明因为条例的执行，导致该财产的价值完全丧失；也没有提供证据证明出售该财产不可能，或者进行商业出租不能获得合理的资金回报，或者其他潜在的对该财产利用的途径已经被取消，因而驳回原告起诉。

购买财产的时间也对法院判定是否构成征收产生影响，也就是说购买人和出售人相比，出售人起诉要比购买人起诉更有利。例如，在 HFH. Ltd. v. Superior Court of Los-Angeles County②一案中，法院再三强调，购买人已经知道对土地的限制，就不能因为这个限制使利益受损，起诉政府限制行为属于征收。因为这个经济困境，是购买人自己造成的，在购买时，已经知道因为限制会造成财产价值降低。

（3）合理原则

财产所有权人因为影响直接投资回报预期（Investment-Backed Expectations），起诉历史保护法违宪时，法院要考虑财产所有权人的投资动机或者使用财产的主要目的。预期必须客观、合理，而不是所有权人一厢情愿。在 Palazzolo v. Rhode Island 案中，最高法院认为：征收诉讼的案由包括根据历史保护法获取财产，但是获得财产时，历史保护法或者历史财产登录是需要考虑的相关因素。在该案中，财产所有权人在购买后，以历史财产登录影响其投资回报，提起影响其投资回报的征收诉讼，原告认为其预期不受历史保护法的限制，但法院认为这种预期不合理。在 Steel Hill Development, Inc. v. Town of Sanbornton③一案中，上诉人购买 510 英亩（1 英亩＝4046.86 平方米）土地准备建造 500 栋房子，但是由于当地政府重新制定区划法，降低建筑容积，上诉人认为自己财产受损。但是上诉法院认为，上诉人估算的价值依据的是原来的建筑规划，没有相关性，没有支持上诉人的观点。

（二）平等保护

正常程序和平等保护是宪法规定的两个基本的权利，适用于美国所有的法律，同样也包括历史财产所有权人，享有公平和平等的对待，免于任性或者歧视对待，获得充分的通知和有听证的机会。这里主要介绍正常程序

美国宪法第五和第十四修正案规定没有通过正当程序，任何人不能被剥夺"生命、

---

① Maher v. City of New Orleans, 516 F. 2d 1051 (5th Cir. 1979), rehearing denied, 521 F. 2d 815 (1975), cert denied, 426 U. S. 905 (1976).

② HFH. Ltd. v. Superior Court of Los Angeles County, 15 Cal. 3d 508, 521, 542 P. 2d 237, 246, 125 Cal. Rptr. 365, 374 (1975).

③ Steel Hill Development, Inc. v. Town of Sanbornton, 469 F. 2d 956 (1st Cir. 1972).

自由和财产"。大部分历史财产由私人拥有，正当程序也适用于历史保护法尤其是直接调整历史财产的地方历史保护法规。

正当程序可以分为两种。"实质性正当程序"要求受宪法保护的个人利益的行政行为必须理性、合理。"程序性的正当程序"要求政府在做出和执行影响个人利益的决定方式要公平。证明违反"实质性正当程序"比较困难，而举证违反"程序性的正当程序"较容易。法院保护个人免受政府任意和专断行政行为的影响，就是要审查制定、执行、实施法规的程序要公正。虽然联邦最高法院明确审判型听证会是不必要的，但是大部分情况下，听证会是"程序性的正当程序"的基本要求。听证会被认为给利益相关人把他们的案情公开的机会，是一个向社会充分展示的舞台。在历史保护的案件中，听证会通常在历史财产被授予称号之前，以及授予称号后在批准改动或者拆除历史财产许可之前举行。在 New Motor Vehicle Board v. Orrin W. Fox Co.[1] 一案中，法院判决：只有在 60 日之内，举行听证会后才能决定对历史财产进行限制。听证会的要求不仅仅是满足程序公正，在现实中也有利于保护历史财产，这可以避免财产所有权人，为了担心一旦被授予称号，拆迁困难，而提前拆毁历史财产。在程序上，要求举行听证会，推迟授予历史财产称号或许可申请，财产所有权人有时间可以在听证会上表达自己的诉求，避免盲目行为。

在 Mathew v. Eldridge[2] 一案中，法院认为听证会的目的是在迅速高效地做出行政决定时，平衡私人和政府之间的利益。并不必然采取正式听证会的形式，听证会可以是非正式的，只要双方都有平等机会质证，就不需要证人宣誓，进行交叉询问。在有些案例中，法院根据特殊行政程序，要求在听证时，要展示行政机关报告、申请以及专家证言、利益相关人或者其他组织的意见。

在听证中要保护个人的权利。在历史保护的听证中，财产所有权人有获得通知的权利。例如，在授予历史财产称号之前，财产所有权人有获得通知的权利。财产所有权人有机会陈述赞成或反对的理由。这些要有记录，正式的决定要根据上述要求予以签发。

通知必须及时和清晰，用简明、容易理解的语言，告知受影响的人员有权出庭并有效地提出自己的反对意见。通知有三种形式：个人邮件通知、公告（通常通过地方报纸）、邮递通知。采用哪种形式依据相关利益人的情况而定。通知要求在一些州的法律中有特殊规定。

听证的权利也包括公正程序的权利。历史保护委员会的成员必须是公正的。他们不能先入为主或者对任何特殊的人有偏见。如果存在利益冲突，要回避。也要避免偏袒性接触，例如任何口头或者书面的单方联系，没有官方记录或者没有给另一方合理的通知。历史保护委员会最后的决定要对听证会上提出的问题予以回应，要有事实根据并且阐述理由。

除了宪法，州和地方的有关行政程序的法规也保护个人的权利。例如州实施法、州阳光法案、联邦或州行政程序法、地方土地利用法等。有些州额外要求一些程序，例如

---

[1] New Motor Vehicle Board v. Orrin W. Fox Co. 439 U. S. 96 (1978).

[2] Mathew v. Eldridge, 424 U. S. 334-35 (1976).

查明事实。

二、激励历史财产所有权人的措施

(一) 保护地役权 (Preservation Easement)

建筑遗产保护的方式不能只是博物馆式的静态保护，大部分建筑遗产应在使用中发挥其价值。保护地役权在保证财产所有权人正常使用的前提下，又为公众了解历史财产提供机会。

在美国，保护地役权 (Preservation Easement) 被称为保护协议 (Preservation Covenants)、保护限制 (Preservation Restrictions)，这三个术语有时可互相替换[①]。保护地役权是对私权的一个法律制度安排，为保护历史财产，在财产所有权人和非营利性组织或者政府机构之间的权利分配。财产所有权人对不动产拥有居住、使用、维护、出售以及抛弃的权利，非营利性组织获得保护历史财产的权利。例如，禁止对历史财产的改动、拆毁的权利，免于因失修造成损毁，要求财产所有权人维修的权利。

绝大多数保护地役权是永久的，对现在和以后的所有权人都有约束力，他们有保护历史财产特征和价值的义务。少数是有期限的，例如 20 年或 30 年。拥有保护地役权的组织机构，当权利期限到期时，权利结束。这种地役权被称作"有限"地役权，一般是这些组织机构从州或者地方政府或者非营利性组织获得资金或者财政资助的一个条件。

保护地役权的义务人责任：①保护历史财产的特征；②制止有可能损害或者毁损历史财产的历史意义或者建筑特色的行为；③采取某些行为时，要取得保护地役权的权利人同意；④财产所有权人允许的行为，不得和保护地役权冲突；⑤必须承担维修的义务。拥有保护地役权的组织还可以要求财产保险、限制公众参观、加强采取保护地役权的措施。财产所有权人，把保护地役权捐献给非营利性组织，可以享受联邦税收减免。

保护地役权随着保护的财产不同而变化。绝大多数保护地役权保护历史建筑有特色的外立面，即从大众的角度，看到的建筑的立面外观，这也被称作"外立面地役权" (Facade Easement)。其保护的不仅仅是建筑外观，有时也包括和建筑物特色关联的周围环境。外立面地役权保护建筑物的外部特征，包括前、后、两侧的立面和高度，必须阻止与历史特色不一致的对建筑立面的改动。景观特征的地役权主要保护自然风景。也有保护历史建筑内部特征的地役权。通过地役权，可以控制对历史建筑上增加附属物或者建造新的建筑物或构筑物。

历史保护地役权的获得者可以是政府机构，例如州历史保护官员（或者城市、乡镇的地方历史保护委员会），也可以是有历史保护（或者土地保护）责任的非营利性组织。这些非营利性组织需要具备几个条件：①历史场所保护作为主要的任务之一；②有管理和实施地役权的资源。许多获得保护地役权的非营利性组织专门拨付一笔地役权基金或者伙伴关系基金，确保有长期资金履行地役权义务。

历史保护中的地役权与普通的地役权是不同的。普通地役权的客体是土地，是为了

[①] James E. Smith. Are We Protecting the Past? Dispute Settlement and Historical Property Preservation Laws, N. Dak. L. Rev. 1995, 71: 1031-1065.

通过他人土地而设置的一项积极权利。而历史保护中的地役权的客体是历史财产，是为了保护历史财产。对历史财产的所有权人的权利进行限制，美国许多州都对历史建筑的所有权人通过法律强制很多负担（责任），例如不得随意修改或者拆除等。历史保护中的地役权是通过合同确立的消极权利，因而也被认为是限制性的契约义务或者是消极地役权。

历史地役权是保护性地役权的一种。保护性地役权是为了保护具有历史、文化、建筑或者人类学意义的财产，对不动产所有者，法律规定某种限制性或肯定性的义务，是一种不以拥有为目的的利益。

目前，美国通过历史保护地役权，保护成千上万的历史财产。种类繁多，从家庭居住房屋、建筑群、有国家纪念意义的地标到乡村、文化景观、农场、农场土地等，从新英格兰科德角小屋到西南部人类遗址，从肯塔基州马场到加利福尼亚州20世纪中期现代建筑。通过设定历史保护地役权，既给历史财产所有权人带来利益，又为公众参观历史财产提供方便。

在一些地方，没有制定地方历史保护法，或者地方法律授权政府机构可以延迟拆毁但没有阻止拆毁建筑遗产的权力，这时保护地役权就成为唯一能阻止对有重要意义的历史资源拆毁或者改动的途径。地方历史保护法一般没有限制公众进入历史财产参观或者实施其他行为的条款，可是保护地役权可以限制财产所有权人根据地方规划法扩大建筑面积或者其他开发建筑遗产的权利，也可以限定允许公众参观的数量。与地方历史保护法相比，保护地役权是非营利性组织和财产所有权人之间达成的协议，是一项私权，除非违背双方自由意志，法院不会进行审查，一旦签订就会生效，没有司法审查的问题。

（二）税收激励

随着建筑材料价格的降低和建筑技术的发展，新建筑的建设成本比老建筑的维修费用还低，历史建筑的拥有者从经济上考虑，拆毁老建筑而不是维修便是最佳选择。而且维修老建筑，意味着放弃一个在原址建造更大更高带来更多利润建筑的机会。于是，税收成为一个利益调整的工具，通过税收减免，可以调动老旧建筑的财产所有权人维修老建筑的热情。

1976年税收改革法案（the Tax Reform Act of 1976）为在国家历史登录或地方历史区域的建筑维修提供两种税收激励，供所有者选择。一种是房屋所有者对维修费用可以有60个月以上分期付款；第二种是可以采用相当于相似新建筑的房屋折旧减免。房屋所有者如果对历史建筑进行实质性的维修，就可获得150%或200%的余额递减率。

1976年税收改革法案也规定两种对历史建筑拆毁的惩罚。一种是如果对历史建筑进行拆除，拆除费用被资本化作为不计折旧的土地费用；第二种是取代历史建筑的建筑物的折旧采取直线折旧法。

两年以后，1978年税收法案（the Revenue Act of 1978）通过，该法案规定对商业和工业建筑（该建筑已经超过20年并且连续20年没有维修）进行维修，所有权人可以获得10%的投资税收减免。

1981年经济复苏税收法案（the Economic Recovery Tax of 1981ERTA）取消1976年税收改革法案和1978年税收法案的规定，取而代之加速成本回收制度（ACRS）。

1986年税收改革法案（the Tax Reform Act of 1986）降低税收抵免，增加低收益房屋抵免。通过低收益房屋的优惠，已经废弃或者使用率很低的学校、工厂、教堂、零售店、公寓、旅馆、办公室在保持历史风格的同时通过维修翻新，重新获得生命。

1976年税收改革法案通过后，有将近23 265个项目被批准通过。在1986年财政年度，有2964个维修项目已经完成；在1989年财政年度，有994个维修项目完成；1990年下降到814个；1991年下降到678个。虽然项目数量表面上呈下降趋势，但是美国国家公园管理局（NPS）调查发现，1990年财政年度通过的项目中，74%的房屋如果没有税收激励，不会维修。

根据1986年税收改革法案（the Tax Reform Act of 1986）第99章第514节以及内务部财政法典第47节，对历史建筑的保护税收减免有两种，一种是对已经被认证的历史建筑进行维修，享有20%的税收减免；一种是对没有认证为历史建筑以及非住宅性建筑，但是对1936年以前建造的建筑进行维修，享有10%的税收减免。

税收减免不同于所得税扣除。所得税扣除降减应纳税收入总额，而税收减免降低应缴纳的税额，即1美元税收减免就相当于少缴1美元税。下面对20%的税收减免和10%的税收减免进行分析。

1. 20%的税收减免

（1）适用的范围

20%的税收抵免适用于以商业、工业、农业或者出租房为目的的房产，不包括私人自住性房屋，维修后能够继续使用获得收益。其主要适用于经认证的历史建筑物。

经认证的历史建筑物必须是建筑物，不是桥、轮船、车、大坝等。其包括以下几种建筑：该建筑在国家历史场所登录；该建筑坐落于已经登录的国家历史区域，经国家公园管理局认定该建筑对该区域有重要的历史意义；或者该建筑坐落于州或地方登录的历史区域，该区域以及授予的法律被内务部部长认证。

（2）认定的标准

认定标准由内务部部长发布，是判断是否有意义的依据。

① 建筑物由于其位置、设计、环境、材料、工艺、感情或者其他因素（只要有一个），能够增加历史区域的时代感、区域特色、历史厚重感等，对区域的历史意义有贡献。

② 一个建筑物虽然不具有上述第一条的情况，但是如果其位置、设计、环境、材料、工艺、感情或者其他因素（只要有一个）改动或者受到损害，建筑物的整体性、完整性就会不可避免地丢失。

③ 具有50年以上历史的建筑物，除非有强势证据证明其历史或者建筑价值对区域的历史意义没有贡献或者对区域历史感少于50年。

对于没有列入在国家历史场所登录的建筑，想要获得税收减免，建筑物所有权人要填写"历史保护认证申请"（the Historic Preservation Certification Application），获得美国国家公园管理局（NPS）的具有保护价值初步决定（Preliminary Determination of Significance）。如果建筑物不在历史区域里，所有权人也可申请该表。初步决定没有法律效力，只有当该建筑列入国家历史场所登录的建筑或者历史区域已经修改，范围包括申请的建筑,才能享受税收减免。

(3) 符合要求的维修

获得20％的税收减免,必须要有国家公园管理局的同意或者授予维修合格证书。国家公园管理局(NPS)认为历史建筑的一些改动有利于更有效的利用,然而改动(无论是外部或者室内改动)不能破坏、摧毁或者掩盖建筑的历史特色。维修合格证书由国家公园管理局颁发,确认对已经登录的历史建筑或者在登录的历史区域的建筑进行维修,而且维修保持该建筑的历史特色。

维修必须是实质性的。由纳税人选择的24个月期间,维修花费必须超过5000美元或者超过调整后房产净成本。调整后房产净成本是指购买的价格,减去土地成本,加上已经进行的开发,减去已经发生的贬值。一旦符合实质性维修,对在测试期间之前、之中、之后一直到建筑物重新使用的纳税年度末,所有符合的费用可以申请税收减免。如果属于分阶段维修,是指在两个或两个以上的纳税年度完成维修,时间是60个月而不是24个月。除要满足实质性维修标准外,还需要满足以下条件:①维修设计和说明书要把所有维修的阶段列明并描述清晰;②在维修施工前,维修设计已经完成;③所有阶段的维修可以在合理的预期之内完成。

申请20％维修税收减免,必须符合下列维修标准。该标准在实施时,要以合理形式进行,注意经济和技术可行性。该标准适用于所有时期、风格、类型、材料和体量的历史建筑,也包括相关的景观特征、建筑地址、周围环境以及邻近新建筑。

① 建筑要为历史保护的目的使用或者重新使用,对建筑物的特征以及地址、环境最低程度的改变。

② 建筑物的历史特征要保留和保存,要避免清除历史材料或者改动体现特色的部分和空间。

③ 每个建筑的建筑时间、地点、用途都要有记录。不能进行给人历史感错觉的改动,例如增加凭空臆测的特点或者建筑元素。

④ 很多建筑物的改动已经经过一段时间,这些改动已经获得历史意义,就应该保留和保护。

⑤ 应该保留体现历史建筑特色的鲜明特征、饰面、建筑技术或者工艺典范。

⑥ 已经受损的体现历史特征的部分应该修复而不是取代。如果该部分损害严重,需要替换,替换的部分应该在设计、颜色、材质、材料(尽可能)以及其他体现外观的方面和以前的部分相匹配。修复已经遗失的部分应该有实质性资料,如文献、图片等基础材料。不能使用会造成历史原料损害的化学或物理的处理方法或手段,例如喷砂法。如果需要对结构表面进行清洗,应该尽可能采用温和的方式。

要保护和保存具有考古价值的资源。如果会受到影响,应采用减缓措施。

新增加的部分、外层改造、新建筑与旧建筑连接的部分不能破坏体现建筑特色的材料。与老建筑有差异的新工程必须在体量、大小、规模和建筑特色方面与保护的建筑完整性和环境相协调。

新增加的部分,与旧建筑相连的新工程应该采用以后可以移除的方式施工,要保证历史财产的完整性,周围环境不能受到破坏。

(4) 符合条件的维修费用（Qualified Rehabilitation Expenditure）

符合条件的维修费用包括历史建筑上施工的费用以及设计和工程费、勘察费、法律支出费用、开发费以及其他与工程相关的费用。这些费用必须用在历史建筑上，是合理支出，与建筑物的使用相关联。不包括购置产业、购买家具、扩建或新建的费用和建造停车场或者辅路、园林或者相关设施的费用。

这些费用应符合以下条件：①可以作为固定资产账户列支；②与符合条件建筑的维修相关联；③维修的建筑（或者是对建筑的增加或改善）应该是非居住不动产、以出租为目的的居住性不动产或者不动产按照美国国税局（IRS）标准在加速成本回收制度下属于超过12.5年折旧期范围的财产。费用包括实际的"硬"支出，如墙体的拆除、安装、重新建造，管道的安装，布置线路，铺地板，安装供热或空调系统等；也包括"软"支出，如服务费，包括法律服务费、工程设计费等，但不包括获取该财产或利益的支出、单纯对现有建筑进行扩建的费用。对使用建筑面积的扩大可认为是内部装修的改动，可以获得税收优惠。外部电梯或楼梯的安装，如果内务部部长认为破坏历史财产，就不能享受税收优惠。

1986年后，施行加速成本回收制度（ACRS），因而享受税收优惠的财产所有权人不能使用直线折旧法。

1986年税收改革法案没有采用以前的维修改造期间的利息和税费可以允许10年以上的摊销，而是把这些债务作为资本项目列入，在财产的使用期限内一起作为资本折旧。如果维修改造的费用超过直接资助维修改造的债务总和，其他贷款的利息就不能作为资产进行摊销。这个条款的目的就是防止与维修改造没有直接联系的债务资本化。

(5) 管理机构

联邦历史保护税收激励的管理部门有国家公园管理局（the National Park Service，NPS）、州历史保护工作人员（the State Historic Preservation Officer，SHPO）、美国国税局（the Internal Revenue Service，IRS）。各部门各司其职，互相配合，发挥重要作用。

州历史保护工作人员（SHPO）的主要职责：

① 向房产所有者提供咨询服务，如果房产所有者不能确定他们的建筑是否已经列入国家登录，是否坐落在国家登录的历史区域内或者是否属于坐落在经认证的州或地方的历史区域内，可以直接联系州历史保护工作人员；

② 提供申请表格、法律规章和其他信息；

③ 对列入国家历史场所登录的建筑和区域以及有资格登录的州和地方区域进行完整的档案记录；

④ 帮助希望在国家历史场所登录建筑或区域的任何人；

⑤ 提供符合历史建筑维修技术要求的帮助和书面意见；

⑥ 对所有者的申请提供建议，必要时现场以考察帮助所有者；

⑦ 向国家公园管理局提供认证推荐。

美国国内税收法典授权内务部部长负责历史建筑的认证，而内务部部长授权国家公园管理局的主任负责全部的工作。在国家公园管理局内部，由文化资源的副主任分管，技术保护服务分支机构（the Technical Preservation Services Division）负责日常工作。

国家公园管理局（NPS）的职责：

① 根据内务部维修标准，审核所有申请，书面签发认证决定（无论同意或者否决）；

② 向 IRS 递交所有决定的副本；

③ 完善和公开发布税收激励的法律规章、内政部维修标准、历史保护认证申请以及有关维修信息。

美国国税局（IRS）的职责：

① 公开发布关于符合要求的维修费用、承担费用的期限、NPS 认证决定的税收影响的法律规章，以及其他关于 20% 的税收减免和 10% 的税收减免的程序和法律事项；

② 对公众关于历史保护税收激励相关的法律和财政资助的事项质询进行回应，为帮助所有者公开发行审计指南，出版《市场专业化项目：维修税收减免》。

③ 确保仅有符合维修税收减免的当事人能够获得这笔税收优惠。

（6）申请程序

历史财产所有权人想要获得维修工作许可证（Certification of Rehabilitation Work），必须填写历史建筑维修许可证申请表第 2 部分，详细填写维修情况。长期租户也可以申请，但是维修后的租期，居住的房子不少于 27.5 年，非居住的房子不少于 39 年。所有者向 SHPO 递交申请书，SHPO 对维修提供技术支持和书面帮助，对申请书提出建议，需要时进行现场考察。然后把申请书递交给 NPS，并附上推荐信。NPS 根据内务部维修标准进行审查，签发许可证。审查所有的工程，包括相关的拆毁和新工程建设。维修工程完工后，所有权人向 SHPO 呈交申请表第 3 部分——完工证明请求，由 SHPO 附上证明推荐信转交给 NPS。NPS 对照申请表第 2 部分进行评估，只有维修工程符合标准，才能签发维修证书。

如果是分阶段工程，可以在全部工程完工之前申请税收减免，但是维修要符合标准。如果维修后使用的历史建筑符合标准，未使用的税收减免可以溯及 1 年以前以及以后 20 年。

IRS 只有在 NPS 签发完工证明以后，收到纳税人填写的税收返回申请，才开始审核税收减免。如果纳税人申请税收减免后，没有收到完工证明，需要提交历史保护证明申请的副本，同时填写副本第二部分税收减免申请，在表中要提供该建筑已经授予历史建筑或者已经被请求申请的证据。要有证据证明：SHPO 或者 NPS 已经收到该副本，例如盖有邮局日期戳的收据或者其他通知。如果纳税人在申请减免后 30 个月内没有收到完工证明，这时纳税人必须同意延长评估期限。如果最后 NPS 拒绝签发维修项目的完工证明，纳税人不能获得税收减免。

（7）税收减免返还

财产所有权人必须在维修完工后 5 年内拥有该财产。如果在 1 年内处置，税收减免全部返还。如果在 1~5 年内处置，每年返还 20%。

NPS 或者 SHPO 有权在 5 年内任何时候监察维修的财产。如果维修工程没有按照历史保护证明申请表描述的内容进行维修或者在获得完工证明 5 年之内进行没有经过同意的改动，NPS 可以撤销完工证明。NPS 通知 IRS 撤销完工证明的情况。

维修后的建筑采用直线折旧法，居住财产 27.5 年，非居住财产 39 年。折旧时，要减去税收减免全额。

2. 10%的税收减免

10%的税收减免适用1936年之前建造的非历史建筑的维修。和20%的税收减免相比，10%的税收减免只适用于建筑物，不适用于船舶、桥梁或者其他构筑物。维修必须是实质性的，超过5000美元或者和财产调整的基数相比，是巨大的。该财产必须仍在折旧阶段。

10%的税收减免只适用于非住宅类的建筑。出租房不符合，但是旅店符合要求。因为旅店是商业用途，而非住宅。如果该建筑在1935年以后改造，就不能享受10%的税收减免。但是如果被授予历史建筑称号，虽然改造，但是可以享受20%的税收减免。除此之外，外墙和内部结构还需要满足下列标准：至少50%的外墙在维修开始时仍然存在，在施工结束后，仍然存在；至少75%的外墙或者作为外墙或者内墙原样保留；至少75%的内部结构原样保留。

申请10%的维修税收减免，在纳税年度，该建筑仍然使用，纳税人填写IRS规定的表格，没有正式的审查程序。对于低收入家庭，在享有税收优惠的同时，仍然可以享有对授予历史建筑的维修税收减免。

税收减免可以鼓励对历史财产的维修。将近有80%的州规定税收减免。一般授权市政府减少征收地方财产税或者给予个人所得税方面的减免，都规定对历史财产维修最低投资线，维修要符合内务部维修标准。很多州的税收激励制度复制联邦的规定，只不过在联邦给予优惠的基础上，又增加州的优惠。列入联邦历史登录的建筑就是历史建筑。所有权人不必填写申请表第1部分，除非登录的建筑超过1个以上。

历史保护税收优惠不仅有利于保护历史建筑，而且有利于提高中低收入人群的住房条件。自从20世纪70年代以来的10年里，联邦历史保护税收减免，惠及239862栋建筑遗产，其中40050栋（将近1/5）的建筑遗产所有权人是中低收入人群。这个比率不断增加。1994年（财政年）到1997年（财政年），中低收入人群享受历史保护税收减免占全部的30%，到1997年达到42%[1]。

三、所有权人的救济——经济困难条款

对于历史财产，不是不能拆除或重建。如果是因为历史财产所有权人经济困难，可以申请"经济困难"证书，获得批准后，要么政府或非营利组织进行购买，要么允许历史财产所有权人拆除或重建。经济困难是历史保护法的例外条款。一般州保护授权法对"经济困难"进行界定，地方的历史保护法也有具体规定。这个条款对于历史保护法是否合宪非常重要，如果没有这个条款，就有可能被法院认为历史保护法加重了财产所有权人的经济负担，无法对历史财产进行合理的使用，属于"征收"范围，从而宣布州或地方的法律违背联邦宪法而无效。"经济困难"条款被认为是"安全阀门"条款[2]。本

---

[1] Sarac. Bronin and J. Peter Byrne, *Hisroric preservation law* (Foundation Press, 2012). p. 25.

[2] Christopher J. Duerksen, Local Preservation Law. in A handbook on historic preservation Law. The Conservation Foundation and The National Center for Preservation Law, 1983, p. 29-128.

章仅做概述，第四章将详细介绍地方法规的规定。

1. 经济困难的判定

经济困难的判定标准在个案中不同，但是和征收的标准一致就是财产所有权人剥夺经济上利用其财产的一切可能。

对于经济困难，申请者负有举证责任，要向委员会提交证明存在经济困难的证据①。需要哪些证据一般在历史保护法或者解释条例中有规定。委员会评估经济影响的程度，不仅要考虑维修的费用，还要考虑收入、空置率、运行费用、资助、税收优惠等所有相关因素。在评估能够产生收益的财产的经济影响时，要考虑财产的主题价值或者回报，这时需要委员会注意交易的"底线"而不是个人的花费。经济困难的依据是宪法中的征收条款，委员会需要考虑财产所有权人继续使用或者其他方式使用的能力。在 Penn Central Transportation Co. v. City of New York, 438 U. S. 104（1978）案中，联邦最高法院没有支持原告认为对其财产的限制是征收的主张，因为所有权人还可以继续使用其财产作为火车站。联邦最高法院认为应当考虑申请者合理的投资回报预期。虽然这个词并没有一个精确的解释，但是合理预期要和法律的规定一致。因而申请者根据历史保护法拆毁历史财产时，依据购买时价值或者简单地以所有权人对财产超支付款来判定所有权人的目的是否实现，是不合理的。政府不必补偿财产所有权人错误的市场判断带来的损失，也不需要确保特定投资的利润回报。委员会也要考虑"困难"是否是所有权人自己造成的。如果所有权人放任建筑物处于毁损状态，财产价值就会降低或者维修费用就会增加。

从财产所有权人的角度看，很难达到法律规定的征收标准，即举证他或她没有任何合理使用财产的办法。如果委员会坚持认为房子只需要喷漆，不需要乙烯基壁板覆盖；窗户修理就行，不需要更换。在这种条件下，房子仍然能够住人。实施情况是昂贵的维修费用可能不够，甚至需扩大维修，这时财产所有者必须举证如果房子在这种状态下无法出售或者目前状态下该财产的公平市场价值加上维修费用远远超出一般情况下经过维修的房产的公平市场价值。

如果所有权人是非营利组织，经济困难标准要有所不同。因为这些组织运营没有商业目的，只是关注财产的最佳利用，而不是商业回报率。在评估是否有"经济困难"时，要考虑：该组织的慈善目的；是否影响组织实现其目的的能力；建筑物目前的条件、修理的必要性和费用；该组织是否能够负担维修费用。

2. 申请经济困难的程序

州或者地方的历史保护法中往往有经济困难条款以及相应的行政程序条款。该规定也可以保护地方政府免于陷入征收诉讼中，帮助历史保护委员会避免其决定因违宪而无效。

申请者要求提供证据证明自己的请求。提交申请后，就要安排听证会。在听证会上，申请方往往会提供专家证据。例如，历史建筑物的结构完整性、估计重修的费用、

---

① 在美国，经济困难的申请一般提交给历史保护委员会，但是有些地方由其他行政官员负责，例如哥伦比亚特区市长助理。

重修后该财产的市场价值等。反对方可以提出自己的证据。委员会也可以请自己的专家证人接受质证。也就是说,"经济困难"的举证责任在所有权人。

在听取各方意见后,委员会做出的决定应该基于所有提交的证据,在法律上无懈可击。如果专家证据互相冲突,委员会要从证据的相关性、可靠性或者专家证人的能力等方面对证据做出判断。

委员会应当雇用或者聘请自己的专家。例如,财产所有权人提交一份结构工程师的鉴定意见,证明建筑遗产的结构有问题。委员会需要通过政府聘请的工程师或者专家的帮助,对提交证据的准确性做出独立的判断。如果没有专业人员的意见,将无法针对证据的可靠性或者充分性得出结论。在诉讼阶段,证据充分,委员会的结论是以证据为基础做出的,法院就会支持委员会的决定。

四、所有权人的义务——及时修缮

建筑遗产必须及时修缮,如果长期不维护,就会因失修造成建筑遗产的损毁,最后不得不拆除。为避免出现这种问题,州授权法和地方历史保护法都有"因失修造成的损毁"的条款。

因失修造成的损毁,是指所有权人故意或过失放任历史财产处于恶化状态,造成无法维护,以致历史财产毁损。历史财产所有权人通过这种长期对财产维护的疏忽,规避历史保护法规。有时候,财产所有权人会抛弃历史财产。大多数情况,所有权人想开发利用建筑遗产所占有的土地,采取的一个策略——因失修导致不得不拆除地上建筑。

制止所有权人没有尽责进行维护,造成建筑遗产的毁损,最重要的是详细制定地方历史保护法。法条中要明确强制维护的义务,同时授权历史保护委员会有采取补救的措施和实施的权力。法院支持地方政府有权制定限制所有权人疏忽管理历史财产的条款。在 Maher v. City of New Orleans[1] 一案中,联邦上诉法院支持新奥尔良法国区的强制维护的义务。只要不过分增加所有权人的负担,该法规就符合宪法。法院支持维护建筑遗产的条款。在 Harris v. Parker[2] 案中,法院命令当事人根据法规中强制维护的义务,对财产进行维修。在 Buttnick v. City of Seattle 案中,法院认为所有权人更换已经有缺陷的墙,并没有构成不合理的经济困难。2004 年,纽约市审判法庭[3]命令地标"Skidmore House"的所有权人履行地标委员会要求,对地标全面维修,确保地标处于良好状态。

制定维修义务条款一方面要注意和建筑标准执行办公室(the building code enforcement office)协调,在规范使用和执行命令下达之前,保护委员会要有参与的机会,一起讨论需要什么层次的维修,在什么条件下,需要什么样的补救措施。另一方面,由于有经济困难条款,所有权人可能以经济困难作为不作为的理由。

如果建筑遗产所有权人不进行维护,有些州法律授权地方政府直接进行维修,对维修的财产可以行使留置权。在纽约市,没有进行维修导致建筑遗产损毁,民事惩罚相当

---

[1] Maher v. City of New Orleans, 516 F. 2d 1051 (5th Cir. 1975), cert. denied, 426 U. S. 905 (1976).
[2] Harris v. Parker, Chancery No. 3070 (Cir. Ct. Isle of Wight County, Va. Apr. 15, 1985).
[3] City of New York v. 10-12 Cooper Square, Inc., 793 N. Y. S. 2d 688 (N. Y. Cty. 2004).

于该财产的市场价值。

  有些城市为了保护建筑遗产免于因失修而毁损，授权政府可以运用征收作为保护的手段。例如得克萨斯州圣安东尼奥授权城市征收建筑遗产，进行重修或者重新使用，免于因失修而造成毁损。弗吉尼亚州法典第 10 章第 21 节授权历史保护部门为了州人民的使用和娱乐，可以通过购买、获赠或者征收获得具有景观和历史价值的财产，并进行保护和维修。里士满就通过征收，获得在历史区域中的因失修面临倒塌的建筑遗产。例如，在 Church Hill 历史区域里征收 Greek Revival 建筑遗产，进行维修后，重新使用。马里兰州巴尔的摩就通过征收获得 Betsy Ross 房产，并进行保护。马里兰上诉法院①支持巴尔的摩政府行使该权力。肯塔基州路易斯维尔在 20 世纪 70 年代后期，征收两处路易斯维尔妇女俱乐部的两栋维多利亚风格的连栋房屋，该俱乐部本打算拆毁建一个停车场，但是路易斯维尔市政府不同意，征收后卖给其他开发商，并且附有保护协议。俱乐部起诉到法院，法院支持该市政府的行为。

  为避免"因失修造成的损毁"，一般在州授权法和地方法规中予以规定，本书将在第三章和第四章中做详细介绍。

  有些建筑遗产的所有权人是因为维修费用巨大而选择不修缮。在制止没有尽责造成毁损的同时，可以采用一些激励措施，例如税收激励、低息贷款等，提高所有权人维修建筑遗产的积极性，也可以建立维修基金，通过使用维修基金来降低维修费用。

---

① Flaccomio v. Mayor and Council of Baltimore, 71 A. 2d 12 (Md. 1950).

第二章 美国联邦历史保护法

19世纪,美国联邦政府在历史保护中,并没有起多大作用。当时美国国会对保护自然风景关注较多,于1872年建立黄石公园。由于两名牛仔在亚利桑那州梅萨维德遗址发现古物,很多人到此挖掘后,国会于1906年制定《文物保护法》。这是美国第一部联邦保护文物的法律。国会于1935年制定《历史遗址法》,1949年制定《联邦财产和行政服务法》,1949年成立历史保护国家信托基金,制定《历史保护国家信托基金》法案,但是并没有制止二战后美国的大拆大建。简·雅各布斯在1961年出版《美国大城市的死与生》,这本书引起公众对历史保护的关注,与环境保护运动交织在一起。1966年,美国市长会议和历史保护基金组织,联合出版《如此丰富的遗产》一书,推动国会1996年制定《国家历史保护法》,这部法成为美国历史保护最主要的法律,构建美国历史保护的网络,调动各层级历史保护人员参与。因而我们介绍美国联邦历史保护法,首先从《国家历史保护法》开始。

第一节 美国《国家历史保护法》

《国家历史保护法》[the National Historic Preservation Act(NHPA)]是美国保护历史和文化资源的最主要的一部联邦法律,实施以来,保护历史遗产成为一项国策。

《国家历史保护法》于1966年制定,1980年和1992年进行修改,收录于美国联邦法典470条a-w。该法建立了美国历史保护的体系,设立一套有效的保护程序,调动州和地方保护的积极性,形成联邦、州、地方历史保护体系。主要内容有四个方面:①建立美国登录制度;②建立保护审议程序;③建立州历史保护行政机构以及地方政府参与机制;④建立联邦政府对其所有或占有的历史财产保护机制。

内务部通过国家公园管理局[the National Park Service(NPS)],进行国家登录工作,指导州、部落、特定地方政府保护工作,编写联邦政府结构保护工作指南,设立联邦所有的财产保护标准,开展保护教育和培训工作,管理资金资助和贷款。

一、历史财产的登录

《国家历史保护法》第101条(a)(1)(A)款授权内务部部长扩充和保存国家登录,对国家历史财产和文化资源进行官方记录。

1. 可登录的财产

可登录的财产包括对美国历史、建筑学、考古、工程技术以及文化方面有重要意义的区域、遗址、建筑、构筑物、物品。《国家登录条例》(收录在《联邦行政法典》第36章第60条,简称36 C.F.R. § 60)第60条第3款对这几个术语做了解释。

"建筑"是指为人类活动提供场所的建筑物，包括房屋、仓库、教堂、旅馆或相似建筑物，也包括历史上相连的建筑群，例如一栋设有监狱的县政府大楼、一栋包含农仓的房屋。例如，位于科罗拉多州丹佛市的莫莉布朗故居（Molly Brown House Museum）；位于加利福尼亚州海沃德密克豪宅和马车屋（Meek Mansion and Carriage House）；位于俄亥俄州诺沃克市休伦县政府大楼和监狱；位于北卡罗来纳州达勒姆附近费尔托什种植园。

"区域"是指地理上具有鲜明特色的城市或乡村的一个区域，在该区域，由于历史事件、规划审美的需要或者实际开发，集中一批相互关联或具有历史连续性的遗址、建筑、构筑物、物品等。一个区域可以由在地理位置上分开的单独区域组成，但是在历史上是相互关联的。例如，华盛顿特区乔治城历史区域；佐治亚州亚特兰大的马丁·路德金历史区域；科罗拉多州的杜兰戈到西尔弗顿之间的窄轨铁路线。

"物品"是指在本质上或设计上具有功能性的、美学的、文化的、历史的或者科学价值的物体，能够移动或者成为特殊物体或者环境的一部分。例如，俄亥俄州的辛辛那提的三角洲女王号蒸汽船（Delta Queen Steamboat），华盛顿特区岩溪公墓的亚当斯纪念馆（Adams Memorial），俄勒冈州萨姆特堡的萨姆特谷金子挖掘机（Sumpter Valley Gold Dredge）。

"遗址"是指重要事件的发生地、史前或者历史活动地，或者无论是否竖立、倒塌或者已经消失的建筑或构筑物的坐落地，坐落地本身具有历史或者考古的价值，和现存建筑物的价值无关。例如，俄克拉荷马州彭萨科拉附近科特克里克战场；俄亥俄州切斯特附近的坟山；内布拉斯加州道尔顿附近泥泉驿站。

"构筑物"是指由一定形状，互相独立又紧密联系的部分组成的人工建造的工程，往往在体量上巨大。例如佛蒙特州万顿附近的万顿顶棚铁路桥；加利福尼亚州圣地亚哥市的老点洛马灯塔；威斯康星州密尔沃基市的北角水塔；威斯康星州绿湾附近的雷伯射电望远镜工程。构筑物和建筑的界线不是泾渭分明，例如灯塔由人工操作，就属于建筑；如果是自动运行，就属于构筑物。税收优惠只适合于建筑物的维修。

在国家登录的财产不只是对国家有意义，对地方或者州有意义，也可以登记入册。根据登录的目的，对国家、州或地方有意义的财产，一视同仁。国家历史地标自然收录于国家登录上，不用经过提名程序。

国家登录由内务部授权国家公园管理局负责，国家公园管理局是内务部下设的一个局级机构，国家公园管理局每年发布国家登录财产总体目录在《国家登录》上，下设国家登录管理人一职具体负责。国家登录管理人负责编制目录和决定有可能在国家登录的财产。财产的所有者可以阻止自己的财产进行国家登录，但是不能制止自己的财产在国家登录中作为有可能登录的财产，该财产同样适用《国家历史保护法》106条规定的审查程序。

2. 国家登录的标准

国家登录的标准规定在《国家登录条例》第60条第4款，也是州和地方政府历史财产登录的参考依据。

判断是否符合登录的标准有两个，一是具有历史意义，二是要有完整性。

(1) 历史意义

① 与美国历史的发展走向有重要意义的历史事件相关联；

② 与伟大的历史人物的生活相关联；

③ 体现某一类型、某一时期或某种建造方法，具有鲜明特色的作品，或者某个大师的代表作，或具有较高艺术价值的作品，或虽然部分缺少独特性、但是具有群体价值的一般作品；

④ 含有或可能含有史前或历史重要信息。

(2) 完整性

是否具完整性，从坐落地、设计、周围环境、材料、工艺、感觉和联系性来判定。如果一个建筑遗产疏于管理或者改动，让人们感觉这个历史财产所保护的历史价值或者联系已经丧失，就缺乏完整性。建筑物异地搬迁，原来坐落地是历史事件的发生地，搬迁后就丧失历史意义，破坏了完整性。搬迁没有破坏完整性，但是如果与周围环境格格不入，也丧失了完整性。

一般情况下，如果是从原址搬迁过来的历史人物的墓园、坟墓，宗教机构拥有或者为宗教目的使用的财产、构筑物，以及重建的建筑，在本质上主要以纪念为目的的财产，在50年内产生意义的财产，不能认为适合国家登录。但是，如果是历史区域整体中的一部分，符合下列要求之一，应当认为符合登录条件：

① 从建筑、艺术或者历史影响角度看，宗教财产有非常重要的意义；

② 从原址搬迁过来的建筑或构筑物，在建筑价值上有重要意义或者现存的构筑物与历史人物或事件有重要的联系；

③ 历史重要人物的坟墓，已经没有合适的地址或者建筑和它的人身直接相关；

④ 是历史上有重要影响的人物的墓地或者历史悠远，或者具有鲜明设计特色，或者与历史事件相联系的墓园，有重要的意义；

⑤ 重建建筑，精确地在合适的环境中建造，依据复原的总体设计慎重地呈现，没有其他建筑或构筑物以相同方式存在；

⑥ 主要为纪念建造的财产，但是在设计、年代、传统或者象征价值方面，已经赋予它除纪念以外的其他意义；

⑦ 在50年内有意义的财产，但是有其他重要价值。

3. 提名登录的程序

"提名"是指向国家历史登录申请，将某一街区、遗址、建筑、构筑物或者物品在国家历史登录上列入的过程，申请时要有提名申请表、地图和照片等，充分描述所提出申请的财产，这些文件在专业和技术上是正确和充分的。在国家登录上列入财产的途径有四种：①由州历史保护官员（简称SHPO）提名、符合要求的地方政府提名、如果居住在没有内务部审核同意的州，个人也可以提名；②联邦政府机关的负责人提名；③内务部部长授予国家历史地标的财产，直接列入；④如果国会认为某一区域有历史价值，通过立法，列入国家公园管理系统的财产，直接列入。第一种途径提名的财产最多。

(1) SHPO 提名

SHPO 可以自己直接提名，利益相关者（包括财产所有者）的任何人、财产所在地的市政当局、历史保护组织也可以向 SHPO 提名。首先填写和递交提名表。国家登录提名的表格有两种：一般提名，要填写 NPS 10-900 表，在需要时，可填写 NPS 10-900a 续表，同时提交地图和照片；联邦机构提名，填写 No. 10-306 表。为了表格填写详尽充分，专业技术正确和充分，国家公园管理局出版《如何填写国家登录申请表》及其他资料。界定重要意义，必须达到历史学者、建筑史学者和考古学者认可的一般学术标准。提名申请表格是具有法律效力的文件，该文件中的历史的、建筑的或者考古的数据，在对已列入或有资格列入国家登录的财产进行保护时，是有参考价值的。

SHPO 必须在 60 日内对呈交的申请做出回应，做出申请材料是否充分、该财产是否符合登录标准的决定。如果材料充分，SHPO 尽早安排州评审委员会（the State Review Board）会议评议，而且必须在会议召开前 75 天通知申请者。

州评审委员会对提名进行首次审查，主要根据提名表、支撑材料、评价、委员会或其他工作人员的现场勘察等判定财产是否符合国家登录标准，如果认为符合，就提请 SHPO 进一步审查；如果否定提名，就不用提交给 SHPO 进一步审查。

州评审委员会和 SHPO 都同意该财产登录，就提交给国家登录管理人（the Keeper of the National Register）。但是在提交给国家登录管理人之前，SHPO 要通知当地政府主要官员例如市长，还要通知历史财产的所有权人，以便知情，提出自己的意见。各州的通知各有不同。如果财产所有者超过 50 人，通知可以在当地一家或多家报纸上发布，在州审查委员会召开会议前，举行一次公众信息会。也可以向每个所有者单独通知。这时，不需要在报纸上发布一般通知。

如果 SHPO 和州评审委员会意见不一致或者个人或者组织申请撤销州的提名，这时会进行实质审查。如果 SHPO 不同意，他仍然可以向国家登录管理人呈交附相关资料的提名表、州评审委员会的意见以及他自己的否定意见。如果不向上提出自己的意见，必须在 45 天之内向申请者提出建议。国家登录管理人对 SHPO 和州评审委员会的争议进行实质性审查。财产所有者或地方政府也可以对 SHPO 的行为向内务部部长提起复议。

(2) 联邦机构提名

联邦机构不用通过州提名程序，可以直接向国家登录机构提名。根据《国家历史保护法》第 110 条，每个联邦机构必须对它拥有或控制的有可能符合国家登录的财产，建立认定建筑遗产的方法、编制财产清单目录并且向国家登录管理机构提名。这些提名不是向 SHPO 而是向内务部部长提出，但是 SHPO 和受影响的社区可以进行评议。每个联邦机构必须指定一名保护工作人员负责执行联邦机构的保护工作。这名工作人员是联邦保护官员，他由联邦政府机构的负责人任命，负责联邦机构的历史保护工作，向国家登录提名本机构所有或者控制的符合条件的历史财产。

(3) 国家登录管理人审查和评议

国家登录管理人一般进行书面审查，按照国家登录标准进行再一次审查。提名的历史财产在《国家登录》上公布，任何人或组织赞成或反对提名都可以向国家登录管理人申请、请求接受或拒绝提名。如果国家登录管理人与提名者的意见一致，同意提名，该财产即可被命名。如果发现信息不充分，该申请退回给 SPHO，继续补充资料。

评议期为自公布在国家登录上起 15 天，如果财产所有者提出，这个期限可以延长。在评议期间，提名资料应当存档。应公众请求，该资料的副本可以邮寄给请求人或者放置于公众可以接触到的地方，如地方图书馆或其他公共场所，以便对提名准备评议。如果提名被拒绝，与该财产相关利益人或地方政府可以向国家登录管理人请求重新审查，但是如果州或联邦政府都认为该财产不具备登录的条件，请求一般会被拒绝。

（4）所有权人的同意

1980 年，美国国会修改 NHPA，第一次规定：在列入国家登录之前，历史区域中财产的所有权人必须投票同意，给所有者一个反对的机会，绝大多数人投反对票就可阻止授予历史区域称号。但是所有者的反对，并不影响《国家历史保护法》规定的联邦政府的保护责任。

州政府计划向州审查委员提名，在州审查委员会开会前，至少在 30 至 75 天前，书面通知每个财产所有者。财产所有者名单可以在通知前 90 天，从官方土地登记或者税收登记处获得。如果不能获得，州政府可以书面通知档案保管人员，通过其他途径获得。

（5）登录和通知

国家登录管理人审查后，做出是否予以登录的决定。根据《国家登录条例》第 60.12（e）款的规定，管理人有自由裁量权。在管理人做出决定之前，任何人不能因为登录提起诉讼，管理人的行政决定是终局的。历史财产所有权人也不能因为国家登录，起诉其违反正当程序。

被授予历史财产称号后，收录到《国家登录》的目录里，收录由内务部部长签名。列入目录的通知要送达财产所有者、SHPO、财产所在地的国会议员。SHPO 也要求通知财产所有权人、财产所在地的由选举产生的主要政府官员。

二、历史保护审议程序

美国是土地私有的国家，但是联邦拥有超过 6.5×10^8 英亩的土地，3×10^9 平方英尺的建筑面积，其中不到 15% 被认为具有历史和文化意义。20 世纪 50—60 年代，联邦政府机构只注意保护这有限的具有国家历史意义的历史财产，而成百上千的联邦政府项目例，如高速公路、水坝、城市更新等，建设过程中忽略对具有地方历史意义财产的保护，导致大量历史财产被毁，这个数量和私人对历史财产的破坏数量相当，政府行为成为毁坏历史财产的来源之一。为了纠正这个错误，美国国会在制定《国家历史保护法》时，制定历史保护审议程序，规定在该法第 106 条中。联邦机构的活动如果影响到登录的财产或适合登录的财产，按照《国家历史保护法》第 106 条的规定必须经过审查和评议程序。

第 106 条是《国家历史保护法》的核心条款，它规定："任何有直接或间接对联邦或联邦资助在任一州的项目有管辖权的联邦机构首脑，以及任何有颁发许可证权力的联邦部门或独立部门的首脑，在任何联邦拨款批准拨付前或者任何有关的许可证发放前，应当考虑该项目对已登录或有资格登录在国家历史场所登记名册上的历史区域、遗址、建筑、构筑物或物品的影响。任何本条所涉及的联邦机构应该向历史保护咨询委员会提供一个合理的机会评议该项目。"制定这个条款的目的，就是制止对历史财产的疏忽大意的破坏，在历史保护和联邦政府机构的政策执行之间找到平衡[1]。

下面对第 106 条做详细分析。

1. 审查机构——历史保护咨询委员会（the Advisory Council on Historic Preservation）

历史保护咨询委员会，是独立的联邦政府机构，主要执行《国家历史保护法》第 106 条的审查程序，也向总统、国会、联邦机构、各州、部落和地方政府关于历史保护提供咨询意见和帮助。

历史保护咨询委员会的成员包括联邦政府机构的首脑，一名州长、一名市长、一名印第安人或者夏威夷原住民和保护专家（历史保护国家信托基金和州历史保护议会的官员是当然成员）。历史保护咨询委员会是联邦机构的辅助者而不是管理者，与联邦机构和州历史保护官员一起执行第 106 条的规定。它也帮助联邦机构执行第 110 条的规定，鼓励联邦政府机构的规章和工作与国家历史保护政策协调和连续。

法律还授权历史保护咨询委员会为执行 106 条的规定，有权制定规章和指南。在制定的时候，与联盟主任、文化资源同事与伙伴关系部、国家公园管理局、内务部联系后进行协商，主要讨论机构的保护工作遵循 NHPA 法规定和标准与指南的程度；也可以请求内务部部长提供技术帮助，以建立或完善历史保护工作。历史保护咨询委员会根据该授权，制定《历史保护条例》（该规章收录在《联邦行政法典》第 36 章第 800 节中）。在 CTIA-the Wireless Association v. FCC[2] 一案中，原告认为历史财产是否有资格登录，应该由国家登录管理人决定。但是巡回法院支持历史保护咨询委员会制定的行政规章的扩大性解释，认为该解释是合理的和可控的。因为《国家历史保护法》中该术语模糊，联邦信息委员会（the Federal Communication Council，缩写 FCC）应该适用于历史保护咨询委员会制定的《历史保护条例》。

第 202 条（a）（6）规定历史保护咨询委员会审议联邦机构的保护工作并提出完善建议，审议的依据是历史保护咨询委员会制定的规章和政策声明中的提议和标准指南。联邦政府机构要遵照规章和指南评估他们的保护项目。在第 110 条（a）（2）（E）中，《国家历史保护法》要求联邦政府机构制定落实 106 条的行政程序，要与历史保护咨询委员会制定的规章一致。

2. 遵守审查程序的主体——政府机构（agency）

《国家历史保护法》要求联邦机构在批准一个项目之前，必须考虑该项目对历史财产的影响，必须给委员会一个评议该项目的机会。政府机构的范围非常广泛，每个非军事政府部门，除法院和立法部门之外，都被认为是政府机构（agency）。第 106 条只是对联邦机构强加责任，它不直接适用于私人财产、州或者私人的行为。但是该法规定联

---

[1] Sara C. Bronin and J. Peter Byrne. Hisroric preservation law (Foundation Press, 2012), p.107.
[2] CTIA-the Wireless Association v. FCC，466 F. 3d 105 (D. C. Cir. 2006).

邦机构的行为往往会对与联邦活动相关的自然人或法人施加重要影响，而且州和地方政府也会卷进来。结果，法律诉讼可能针对非联邦机构，起诉其违反 106 条款。

政府机构的保护历史财产职责直接由机构负责人承担，在法律上对所需要的调查和决定承担主要责任。

3. 需要审查的项目——联邦机构的项目

1992 年，美国国会修改《国家历史保护法》第 301 条，给"项目"（undertaking）下了定义：项目是指由联邦政府机构有直接或间接权力的，部分或全部资助的计划、活动或者工作，包括：（A）由联邦机构执行或者代表联邦机构执行的项目；（B）由联邦财政资助的项目；（C）由联邦许可、颁发证书或者同意的项目；（D）由联邦授权或者同意，州或者地方实施的项目。

联邦机构只有在有"项目"（undertaking）时，才有此责任。该项目活动可以分为三类：联邦项目，该活动是由联邦机构直接负责；联邦资助的项目，该活动直接享受联邦资金资助或者贷款保证、抵押保险等间接资助；联邦颁发许可证的项目，该项目需要联邦机构许可或者授权。美国《行政程序法》〔the Administrative Procedure Act, 5 U. S. C. §551（8）〕对许可（license）做了扩大解释：许可是指行政机关全部或者部分许可、颁发证书、同意、登记、特许、建立伙伴关系、法律义务的免除或者其他形式的许可。

不是所有项目都需要审议，只有历史财产坐落于联邦项目影响的区域或者联邦项目的实施可能改变历史财产的使用或者性质。例如提议穿越一片历史区域，建造高速公路，或者对联邦财产进行续租，这时就需要按照 106 条的规定进行审议。如果联邦项目根本不会影响到历史财产，例如购买土地、给学生提供免费午餐，即使获得联邦资助，也不需要进行审议。在判断联邦机构的行为是否构成"项目"，不需要联邦机构从一开始就知道该行为会造成某一历史财产改变，而是考虑该行动以后属于哪一种影响历史财产的行为。例如，联邦工作人员医疗咨询项目没有影响历史财产，但是为了提供咨询场地，改造办公大楼，根据第 106 条规定，有可能影响历史财产，就需要启动审议程序。

项目如果在美国境外，实施该项目，会对历史财产造成恶劣影响，如果该财产列入世界遗产目录或者在所在国有资格登录，保护的意义等同于美国国家登录的意义，就适用《国家历史保护法》。例如在 Okinawa Dugong v. Gates① 一案中，美国国防部要在日本冲绳的儒艮栖息地建造空军机场，法院认为儒艮栖息地已经在日本文化财产登录，相当于美国国家登录。美国国防部建造空军机场的行为，虽然发生在美国领土之外，但是该项目有可能危害到已经登录的财产，美国国防部应当遵守《国家历史保护法》第 106 条的规定，进行审查。

4. 审查程序

第 106 条没有规定具体审议程序，历史保护咨询委员会根据《国家历史保护法》第 211 条国会的授权，制定具体规章《历史保护条例》，规定审议程序，收录在《联邦行政法典》第 36 篇第 8 章第 800 条（800.1-800.14 条）中。

---

① Okinawa Dugong v. Gates, 543 F. Supp. 2d 1082 (N. D. Cal. 2008).

审查程序有 5 个基本步骤：对历史财产进行认定和评估；对联邦项目的影响进行评估；委员会评议；如何避免、减少或者把负面影响降到最低进行协商；联邦政府机构最后关于是否推动和怎样推动项目进行做出决定。

（1）对历史财产进行认定和评估

对项目有直接或间接行政管辖权的联邦政府机构有义务对历史财产（包括已经或者有可能在国家登录上的财产）进行认定和评估。《国家历史保护法》对历史财产的保护扩大到符合登录条件的历史财产，但是否具备登录条件，《历史保护条例》规定由联邦机构自己认定。如果符合《国家登录条例》的标准，和州历史保护官员的意见一致，可以认定为符合登录条件的历史财产。如果和州历史保护官员的意见不一致，或者州评审委员会、历史保护咨询委员会要求重新认定，联邦机构可以向内务部部长请求，做出最终决定。

如果该项目是联邦政府机构提供资助或者颁发许可，政府机构根据申请对历史财产进行评估，联邦机构对评估承担最后的责任。评估的依据是内务部部长签发的《考古和历史保护标准和指南》。

对历史财产进行认定之前，联邦机构要收集有关信息，很重要的一个信息来源是《国家登录》，每年 2 月或 3 月在《国家登录》上公布更新的国家登录的数据。虽然《国家登录》是对已知的历史财产及其保护范围的重要的信息来源，但是随着时间的推移，不断发现新的历史财产，而有些历史财产还需要深度挖掘其价值。所以即使某一区域没有在国家登录或者有资格在国家登录的历史财产，并不是说，该联邦机构的项目不适用第 106 条的规定。所以联邦机构还需要收集其他信息。例如，和州历史保护官员联系，了解还未登录但是已经记录在案的历史财产；联邦机构项目影响区域有未发现或未记录的历史财产的可能性；已经在州登录的财产等信息。还可以与州考古官员、地方学术机构、博物馆、历史和考古协会、地方政府、印第安部落联系，收集关于已出版或未出版的该地区研究资料。《历史保护条例》要求联邦机构向地方政府、印第安部落、公共或者私人组织、对该区域的历史财产了解的其他人或者对该历史财产关注的人收集相关资料。目的有两个：一是联邦机构在确认历史财产的价值时，为对历史财产保护关注的人参与到联邦机构项目早期计划阶段提供机会；二是确保提供各种形式的公众参与。

联邦机构在认定历史财产的过程中，是否需要采取进一步的行动，例如田园调查、历史背景研究等，需要咨询州历史保护官员的意见。

在收集足够资料的基础上，联邦机构应该合理地、善意地确定项目影响的范围，以及认定历史财产是否达到国家登录的标准。在此过程中，应当与州历史保护官员协商，遵守内务部部长签发的《考古和历史保护标准和指南》《认定标准和指南》，参照国家公园管理局制定的《地方调查指南：保护规划的基础》《考古调查：方法和应用》《地方调查指南》。

如果需要调查，州历史保护官员要向联邦机构提供州或者地方调查指南、记录的方式、已经发现的历史财产等。州历史保护官员还要负责推荐进行调查工作的个人、机构、公司并签订合同等。如果影响的面积较大，联邦机构要建立预测模型，在数据的基础上，预测不同种类的历史财产影响的可能性，然后指导调查工作，并检验该模型。

在调查结束后,即使没有发现历史财产,也要向州历史保护官员提交调查报告以及其他有价值的原始资料。这些资料构成全州的历史财产编制目录的一部分,可以为州历史保护官员积累资料,有利于在同样的区域避免以后不必要的调查研究。

如果发现历史财产,但是并没有认定,联邦机构有责任完成认定工作,判定该财产是否符合国家登录的标准。认定参照《国家登录条例》的标准、内务部部长签发的《认定标准和指南》。在认定过程中,要征询州历史保护官员的意见。由于时间的流逝和对历史意义的认识不同,即使之前已经认为符合国家登录标准或者不符合国家登录标准的历史财产,也应该重新认定。

任何人都可以对联邦机构和州历史保护官员的认定提出异议,请求历史保护咨询委员会审查认定结果,历史保护咨询委员会可以将该事项提交给内务部部长。

如果联邦机构和州历史保护官员对是否符合国家登录标准的意见不一致,代表内务部部长的国家登录管理人可依据《历史保护条例》做出正式的认定。

联邦机构在完成调查工作后,如果没有发现潜在的历史财产,必须向州历史保护官员提交关于没有发现历史财产的通知,通知感兴趣的参与者,尤其是在该项目认定过程中咨询的个人或者组织,并且确保公众可以接触到相关文件。如果公众有人质疑,可以请求历史保护咨询委员会审查,历史保护咨询委员会在接到请求后30日内,开始审查。

(2) 对联邦项目的影响进行评估

如果发现规划的项目影响一个或一个以上的历史财产,根据第106条的规定,联邦机构必须鉴别和评估项目对历史财产可能产生的影响。

《历史保护条例》第800.9(a)条款规定判断是否构成"影响"的标准,即如果一个项目可能改变历史财产的特征,而该特征使该财产有资格列入国家登录,这时候该项目对历史财产就存在影响。在判断是否存在影响时,要考虑财产位置、周围环境或者使用情况。

评估后,有三种可能:没有影响、没有恶劣影响、有恶劣影响。

① 没有影响

没有影响,是指对历史财产没有任何影响,既没有损害,也没有益处。联邦机构评估为没有影响,要通知州历史保护官员和其他感兴趣的人员(例如联邦机构在认定过程中咨询的人员),同时把支撑材料汇编成册并公开,置于公众便于查阅之处。如果州历史保护官员在收到通知15天内对评估结果没有异议或者联邦机构在历史保护咨询委员会审查后重新考虑评估结果,这时根据第106条规定,联邦机构已经完成它的责任。

② 没有恶劣影响

没有恶劣影响,是指对历史财产可能有影响,但是没有损害该历史财产的特色。有影响,但不是恶劣影响,联邦机构有两个选择。第一选择:在获得州历史保护官员的赞同意见后,以文件概要的形式通知历史保护咨询委员会。该文件概要置于公众便于查阅之处。文件概要包括:地图或者潜在影响区域的其他文件;项目的名称和简要概述;受影响历史财产概述;简要解释为什么认为没有恶劣影响;州历史保护官员的书面同意文件;感兴趣人士的观点等。

第二个选择:按照《历史保护条例》第800.8(a)条款的要求编制文件概要,递交给历史保护咨询委员会并通知州历史保护官员。该文件概要包括：项目的描述，包括照片、地图、绘图等；可能受影响的历史财产的描述；认定历史财产的工作介绍；如何使用恶劣影响标准和为什么恶劣影响没有发现的声明；州历史保护官员、受影响地方政府、印第安部落、联邦其他机构和公众的看法，以及收集这些观点看法所使用的方法。

③ 有恶劣影响

有恶劣影响，指可能有影响，可能对历史财产的整体性有破坏。如果该影响会造成历史财产的坐落地、设计、背景、材质、工艺、感觉、印象等的完整性的丧失，该项目就是对历史财产有恶劣影响。《历史保护条例》第800条第9（b）款列举了恶劣影响的例子，但是不限于这几种情况：拆毁、破坏或者改变财产的全部或者部分；使历史财产与周围环境特征相分离或者改变周围环境的特征，而该特征有助于历史财产在《国家登录》上登录；从视觉、听觉或者周围环境的角度，可以发现对历史财产的使用，不符合财产的特征或者改变其环境；对历史财产没有关注，导致历史财产状况恶化或者坍塌；导致历史财产被转让、出租或者售卖。

如果确实有影响，就要根据历史保护咨询委员会"恶劣"影响标准，精确评估影响的性质。

联邦机构认定和评估时，要"理性和善意"。在 Pueblo of Sandia V. United states 一案中，联邦森林局对大峡谷的上山路改动和其他游客设施修缮，写信给 Pueblo 部落，询问是否对历史财产有影响，部落没有回应。联邦森林局认为对历史财产没有影响，州历史保护官员也认同。但是在开工时，Pueblo 部落却向法院提起诉讼，认为这一项目影响该部落的精神信仰。第十巡回法院上诉厅认为，对历史财产的认定和评估是联邦机构的责任，不能因为利害关系人没有答复，就认为没有影响。

（3）历史保护咨询委员会评议

历史保护咨询委员会评议有以下几种情况。

① 历史保护咨询委员会可以对联邦机构没有恶劣影响的决定予以否决，并且提出修改意见。如果联邦机构接受这些意见，就是履行完毕第106条规定的义务。如果联邦机构不接受修改意见或者委员会虽然反对，但没有提出修改意见，联邦机构按照106条规定，启动协商程序。如果委员会在收到通知30天后，没有对联邦机构的决定提出反对，就认为已经履行第106条规定的程序。如果联邦机构需要委员会在30天之内做出决定，应当联系委员会做出特殊安排。

② 对备忘录协议进行评议。如果委员会是协商一方，联邦机构不用递交备忘录协议和其他资料。但是委员会如果没有参加协商，联邦机构要呈交备忘录协议和《联邦行政法典》第800条第8b款要求的其他特别资料。这些资料包括：协商会议召开时所需的资料；任何减轻措施或者替代方案的介绍和评估；州历史保护官员和利益相关者观点综述。委员会在接到上述资料（包括备忘录协议）30天之内，进行审查。审查的结果有三种可能性：一是委员会同意备忘录协议，并通知协议各方；二是委员会建议对备忘录协议进行修改，如果联邦机构和州历史保护官员同意按照委员会要求修改或者三方达成修改替代方案，第106条程序就已经完成；三是委员会直接对项目进行评议，否则委员会将延长审议期限到60日，并且发布书面评议意见。

③ 历史保护咨询委员会重新评议。对恶劣影响召开协商会议，但是协商失败，没有达成备忘录协议，这时需要委员会进行重新评议。联邦机构需要递交的资料：项目的介绍（包括照片、地图、图纸等）；认定历史财产工作的说明；对受影响历史财产的描述（包括每个财产的重要意义及特征的信息）；对历史财产的影响和决定理由；任何减轻措施或者替代方案的介绍和评估；任何已考虑的减轻措施或者替代方案，但没有被选择及拒绝的理由；和州历史保护官员关于历史财产的认定和评估、影响的评价、替代方案或者减轻措施等的协商文件；联邦机构获得受影响的地方政府、印第安部落及其他利益相关者的支持和观点的文件；呈交给联邦机构关于项目对历史财产的影响和减轻或避免这些影响的替代方案的书面观点的副本。联邦机构应当提供其他信息，以便委员会能够完整充分地审议联邦机构提议的项目。委员会也可以要求联邦机构安排现场勘察和公众听证会。

委员会应当将书面评议呈交给联邦机构负责人，将副本递交给州历史保护官员、利益相关者及其他合适的主体。

（4）协商

如果属于"恶劣"影响，联邦机构应当与州历史保护官员和其他利益相关者一起协商，找到最少损害的办法。联邦机构应当通知委员会，委员会可以应州历史保护官员或者联邦机构邀请参加，也可自行参加。

必须邀请的利益相关者有：要求参加协商的受影响的历史财产在所辖区的地方政府首脑；当该项目影响印第安部落所有或占用的土地时，应邀请印第安部落的代表人；联邦机构、州历史保护官员和委员会共同认为必须邀请的其他利益相关者。

联邦机构应当向公众代表提供需要的信息和他们表达中肯观点的机会。

协商首先考虑在完成联邦机构目标的同时，有没有替代方案，如果没有此类替代方案，要考虑减轻恶劣影响的措施。这些措施有：限制联邦项目的规模；修改项目内容，通过重新设计，选择新的工程地点等；修复受影响的历史财产；保护和维护历史财产；对不得不造成破坏或者有实质性改动的建筑，制作影像资料，例如绘制结构图、拍照等；对历史财产进行搬迁；对考古或者建筑信息和资料进行抢救等。

联邦机构在协商会议上要提供以下文件资料：对项目的介绍，包括照片、地图、图纸等；认定历史财产工作的说明；对受影响历史财产的描述，包括对其价值认定和符合登录的条件；已经汇编成册的资料；对历史财产影响的介绍以及为其他需要和参加协商的人提供的资料。

在协商过程中，会形成州历史保护官员、历史保护咨询委员会、联邦机构和利益相关者的备忘录协议（Memorandum of Agreement），包括为避免或减轻影响，项目该如何进行的具体条款。备忘录协议是具有法律约束力的。

签署备忘录协议有不同情况。如果历史保护咨询委员会参与备忘录协议，历史保护咨询委员会、联邦机构、州历史保护官员就是签署者。如果联邦机构和州历史保护官员签署，要呈交给历史保护咨询委员会审查。

在备忘录协议执行期间，项目变动或者备忘录协议的有些条款不能执行，需要修改备忘录协议，同样需要召开协商会议。

（5）做出决定

历史保护咨询委员会是一个咨询建议机构，没有实际权力。最后由联邦机构做出决定。如果有备忘录协议，一种情况是备忘录协议是历史保护咨询委员会、联邦机构和州历史保护官员之间达成的；另一种情况是备忘录协议通过后，历史保护咨询委员会可以接受该协议备忘录或者要求修改，或者向联邦机构签发一份书面评议。如果评议是协议备忘录的一部分，联邦机构必须作为协议的条款执行。如果没有按照历史保护咨询委员会的意见去做，就是实质上违反协议。

如果联邦机构接受委员会的意见，它必须注明在对这个项目做出最终决定时，充分考虑到委员会的意见，这种行为受行政程序法的调整。但是并没有要求联邦机构必须遵从历史保护咨询委员会的建议。在大部分情况下，协商双方都有遵守协议备忘录的法律义务，已经在备忘录中规定的特定保护方法一定要采纳。

如果没有达成协议，就提交给历史保护咨询委员会，它会提出一个正式的评估意见，被涉及的政府机构可能接受或反对。

从以上分析中，可以看出第106条只是一个程序性条款，并不要求在每个项目都要保护历史财产，也没有给历史保护委员会对联邦政府机构的项目有投票表决的权利，要求联邦政府机构在考虑联邦项目对历史财产的影响时，"停、看、听"的程序。"停"，就是联邦机构在实施一个工作规划或者颁发许可时，停下来，必须考虑该项目对历史财产的影响。"看"，是要求联邦机构在批准一个项目之前，对涉及的历史财产进行认定，并评估可能造成的影响；"听"，是必须给历史保护咨询委员会一个评议该项目的机会，听听公众的意见和地方政府的意见。联邦机构是否接受该评议，法律并没有做出要求。但是联邦机构在项目规划阶段，就开始历史保护审议，对项目有可能影响保护的部分进行修改，在实施中减少冲突，更容易执行。这给政府部门之间互相沟通提供了渠道，避免只为实现联邦机构自己的工作目标，忽略历史财产的保护。而且第106条要求考虑的历史财产不但包括国家历史登录的财产，还包括没有登录（有些在考古上还没有发掘），有可能符合国家登录的历史财产。扩大了保护范围，为潜在的历史财产提供保护，根据美国《行政程序法》，联邦机构没有按照行政程序做出的行政行为无效，如果联邦机构没有按第106条的程序，做出决定，历史保护组织或个人可以提起行政诉讼。这也是第106条在保护历史财产中，发挥重要作用的原因。

第106条是一个程序性条款，它要求联邦政府机构对保护历史财产进行认定，考虑某一项目造成的恶劣影响，与州历史保护官员和部落历史保护官员进行协商，在一些特殊案例中，考虑历史保护咨询委员会提出避免或降低恶劣影响的方法。但是历史保护咨询委员会不能直接命令联邦政府机构做出某种行为。

三、建立州历史保护机构以及地方政府、其他组织参与机制

1966年，美国《国家历史保护法》建立了美国联邦－州（部落）－地方协同保护体系，Robert E. Stipe 在 *A Richer Heritage* 一书的前言中，评价这个体系，用了两个

词"建立伙伴"(partnered)和"层级结构"(layered)[①]。

1. 要求各州任命州历史保护官员（简称 SHPO）

《国家历史保护法》规定，各州应当设立州历史保护官员一职。州历史保护官员、部落历史保护官员以及经认证的地方政府与联邦政府建立伙伴关系，共同执行《国家历史保护法》。州历史保护官员在管理根据《国家历史保护法》建立的项目中，发挥枢纽作用，也是个人在提名历史财产登录或者获得历史财产税收减免过程中获得帮助的主要机构。它协助联邦机构履行第 106 条规定的义务，对地方政府提供直接帮助。部落历史保护官员是联邦认可的在部落所有的土地上承担 SHPO 工作的政府官员。

州历史保护官员的主要工作如下所述。

(1) 普查和编制目录

州历史保护官员负责全州范围的历史财产的普查，并且编制目录。普查是一项多领域专业人才相互配合的工作，需要历史学家、建筑史专家、考古专家及其他领域专家的共同参与，还需要发挥非专业人士的力量。在许多州，州历史保护官员在普查中，与地方历史协会合作，培训志愿者，开展普查工作。普查的首选对象是经济开发压力大的地区，能够甄别出来哪些历史遗产面临毁坏的危险，并采取积极措施进行保护。州历史保护官员除了开展普查，对普查工作进行资金和技术支持，还对联邦机构的普查结果进行评议和审查。

(2) 向国家登录进行提名

如果一个财产被认定有历史、建筑、考古价值，就会记录在州历史财产编目中。理论上，所有符合国家登录标准的财产都会被提名，但是准备材料和审查需要大量时间，因而普查中被认定有价值的历史财产，最后能够提名的只是一部分。

州历史保护官员在第 106 条规定的审议程序中起着关键作用，它协助联邦机构认定历史财产，评估对该历史财产的影响，提出避免或降低负面影响的可替代性方案。

(3) 制定全州的历史保护规划

起草和实施全州历史保护规划，是 SHPO 的主要职责。这个规划包括两种：一是 SHPO 管理工作的具体规划；二是把州历史保护规划分解到州政府机构或其他分支机构正在进行的计划、开发项目以及受关注的社会项目中，推动历史保护活动的进行。SHPO 可以根据国家公园管理局的《制定规划的标准和指南》制定规划。

(4) 管理历史保护资金

SHPO 每年都会得到国家公园管理局的政府补助，补助的多少取决于国会的拨款、SHPO 的项目需要和工作业绩，一般要有非联邦划拨的资金或受捐助的实物与之匹配。所获得的补助直接用于项目中，但有一部分资金可以作为州补助发放给历史财产保护中需要资金的地方政府、商业组织和政府机构。1981 年之前，州补助一般用于历史财产的维修工程。1981 年以后，因为有税收减免，对历史建筑的维修工程不再补助，而是用于普查、历史遗产的认定、国家登录的提名和历史遗产保护的教育。

---

① Robert E. Stipe. A richer heritage: historic preservation in the twenty-first century（The University of North Carolina Press，2003）.

（5）与联邦、州政府机构、地方政府以及《国家历史保护法》授权历史保护的机构合作

SHPO负责对联邦、州其他政府机构、地方政府以及《国家历史保护法》授权历史保护的机构在历史保护的活动中进行协助，也负责历史遗产的保护规划和开发。根据《国家历史保护法》第106条的规定，SHPO在审议联邦机构的行为对历史遗产影响评议中，发挥关键作用。SHPO也参与国家公园管理局对建筑遗产修复是否符合税收减免的审查。根据许多州的历史保护法或者环境法的规定，SHPO在州政府机构负责的项目中，与州政府机构关于历史保护进行协商，并提出建议。总的来说，SHPO是联邦政府机构和地方政府、公益组织、参与历史保护的个人之间的联系枢纽。

（6）提供公众资讯和展开历史保护教育

有些州，SHPO还承担公众资讯和教育的功能，制作宣传手册、放映幻灯片、拍摄录像资料以及开发历史保护课程。虽然有些州对这方面工作的强调较少，但是所有州的SHPO会联系对历史财产保护感兴趣的个人和团体，并提供帮助。国家公园管理局和各州议会都会鼓励SHPO成为每个州的历史保护的资讯中心。

（7）协助地方的历史保护项目

SHPO负责帮助地方发展历史保护活动。根据《国家历史保护法》规定，SHPO和国家公园管理局对一些历史财产保护进行认证，只有经过认证，地方政府才能获得SHPO财政补助。SHPO帮助地方政府通过认证，监督获得认证后地方政府的历史保护，管理拨付给地方的补助资金。

2. 通过认证，调动地方政府积极性

联邦政府没有权力直接干预地方政府的工作，为了落实历史保护的国家政策，SHPO作为联邦政府和地方政府联系的媒介，对地方政府实施历史保护认证制。该制度规定在《国家历史保护法》第101条c（1）款中："根据本条批准的州历史保护项目，州历史保护官员参与认证，确保地方政府执行本法，根据本法103（c）款资助给州的资金部分转移给经过认证的地方政府。如果相关的州历史保护官员、内务部部长认为地方政府符合下列要求，可予以认证：

（A）地方政府执行州（或者地方有）关于历史财产的提名和保护的法律；

（B）根据州或者地方法律规定，地方政府已经建立一个有效的历史保护审查委员会；

（C）为实现本条（b）款的目的，对历史财产进行普查并编制目录；

（D）在地方历史保护项目中，有公众充分参与历史保护的机制，包括向国家登录推荐历史财产的程序；

（E）根据本法能够圆满履行提名的职责。

如果没有州历史保护项目，内务部部长认为地方政府符合上述规定，可以对该地方政府通过认证，并且根据本法的规定进行资助。"

地方政府为了通过认证，就要制定历史保护法，组建历史保护委员会，要开展历史保护工作，包括普查历史财产和提名历史财产，向国家登录推荐历史财产等。这样，在地方层面，地方政府也积极参与到历史保护的活动中，进一步贯彻执行《国家历史保护

法》。这些地方政府获得认证后,有资格参与《国家历史保护法》规定的项目,有权获得联邦政府拨付给州的历史保护分配额的10%,从而调动地方政府的积极性。

四、强化联邦机构保护历史财产的责任

1971年,联邦政府11593号"加强文化环境的保护"(Protection and Enhancement of the Cultural Environment)行政命令规定联邦机构要提名自己的建筑遗产。1980年,修订《国家历史保护法》时,参照该规章的内容,制定110条。1992年修改《国家历史保护法》时,对这一条款又进一步完善。该条款要求联邦政府机构认定、编制财产目录,向国家登录提名,承担保护历史财产的责任,尽最大可能利用历史建筑。

《国家历史保护法》第101条(g)款授权内务部部长制定关于联邦机构责任的指南。1988年2月17日,内务部部长在《联邦公告》中公布《联邦机构历史保护内部责任标准和指南》,1992年修改。目前的指南在1997年6月完稿后,向所有的联邦保护官员、州历史保护官员、部落保护官员送达指南副本,在60天公众评议后,收到23条书面评议,这些评议有些在修改稿中被采纳,最终稿于1998年4月24日生效。该指南虽然没有法律效力,但是它是内务部部长指导各个联邦机构如何履行第110条规定的官方指导文件。根据《国家历史保护法》第110条以及《联邦机构历史保护内部责任标准和指南》的规定,联邦机构承担的保护历史财产的责任有以下几个方面。

(一)对历史财产的认定和评估

每个联邦政府机构必须建立历史财产认定、评估、向国家登录提名的历史保护体系,这是历史保护工作的基础。对历史财产的认定和评估是长期管理工作的第一步。历史财产包括任何史前或者历史区域、遗址、建筑、构筑物或物品,已经登录或者有资格登录,包括与该财产相关的手工艺品、记录、残存物。联邦机构对其所有和控制的历史财产编制资产目录,要对每个财产目前使用状况进行记录,对每个财产进行常规例行检查,要有足够预算进行恰当维护。例如,公共服务行政(the General Services Administration,GSA)有455座建筑已登录或者有资格登录,占其资产的四分之一。GSA还有一套复杂的系统维护这些建筑,认定它们内在的价值、满足特别的维修需要。同样,国防部、土地管理局、森林服务机构拥有重大意义的历史财产,建立落实管家责任的可操作性的行政流程[①]。

联邦政府机构必须对所有机构项目或者活动影响的历史财产,包括但不限于,历史建筑、历史构筑物、考古遗址、传统文化财产、文化景观、历史线性特征。例如,道路和小径、历史物品例如标志物、街道公共设施、历史区域等进行认定和评估。认定和评估程序依据是内务部考古和历史保护标准和指南。认定和评估工作要由专业合格人员完成,在认定和评估早期,应当与州历史保护官员或者部落保护官员协商,可以从州或部落的财产目录中获得相关数据,同时也有利于信息共享。

---

① National Park Service. The Secretary of the Interior's Standards and Guidelines for Federal Agency: Historic Preservation Programs Pursuant to the National Historic Preservation Act, 63 FR 20496-01 NOTICES, April 24, 1998.

认定工作是一项不断发展前进的工作，随着时间的推移，新事件的出现、学者和公众对历史意义的思考也发生变化。所以，如果一个区域已经对所有类型的历史财产进行过普查，自普查结束几年后，还要再一次重新调查。后续研究建立在之前收集的资料上，重新填补空白，基于新资料或者历史观察角度变化，重新对历史财产进行评估。

联邦政府机构要向国家登录提名所有或者控制的历史财产。

如果机构控制的历史财产相对较少，可以把它们都向国家登录提名，然后进行管理；如果历史财产较多，就需要确定认定、登录、保护的优先顺序。如果历史财产列入国家登录，可以获得保护或管理历史财产的预算资金，优先考虑对列入国家登录的历史财产的维修，登录的信息也帮助联邦机构后续管理。

联邦机构有责任认定和评估它们自己的历史建筑，而且作为联邦财产的管理者，有维护和使用历史财产的责任。联邦机构对其所有和控制的历史财产编制资产目录，要对每个财产目前使用的状况进行记录，对每个财产进行常规例行检查，要有足够预算进行恰当维护。

（二）落实保护历史财产的责任

1. 联邦机构内部责任的落实

联邦机构负责人是保护自己部门拥有或者管理的历史财产的第一责任人。每个机构还要设立历史保护官员一职，专门负责和协调保护工作。根据保护工作的工作量，历史保护官员还可能承担机构的其他工作。被任命为历史保护官员应当具有保护工作经验，其手下工作人员也应有这方面的工作经验。联邦机构的人事管理系统要列明具有历史保护责任的工作人员的姓名、其岗位职责、工作评价的因素和标准、高质量工作表现的奖励等。机构要为具有历史保护职责的工作人员提供与时俱进的历史财产保护培训。

为了有效履行《国家历史保护法》第110条规定的责任，历史保护官员应有充分的权力、足够的工作人员和其他资源。应该确保历史保护官员审议所有机构的项目和活动，参与机构的规划和项目管理，通过这些方式影响关于历史资源的决策行为。历史保护官员应该有足够的权威，建立有效的历史财产控制系统，确保关于历史财产的决策能够依照《国家历史保护法》第110条和第106条的规定做出。如果机构把保护责任授权给地方官员，机构负责人应任命这一级别的保护官员。

历史保护要纳入联邦机构预算和财政管理中。在做预算之前，就要考虑历史保护，要确保有足够的资金实施保护工作，为避免重复性工作，保护工作主要包括：联邦机构管理、所有、控制的历史财产；通过有效的使用（例如作为娱乐休闲场所、向公众展示场所、交通场所、办公场所等），让历史财产在机构活动中扮演重要作用；机构积极参与公众教育、多利用资源管理；监管影响历史财产的行为等。

这些措施确保联邦机构的官员、雇员、合同人员以及其他负责人，有充足的预算和所需的个人能力，认定、评估、提名、管理和利用机构负责或管理的历史财产。

2. 通过外部评估落实责任

《国家历史保护法》第202条（a）（6）款规定历史保护咨询委员会审议联邦机构的保护工作并提出完善建议，审议的依据是咨询委员会制定的规章和政策、声明中的提议和标准、指南等。联邦政府机构要利用这些标准和指南评估他们的保护项目。

联邦政府机构发现有对历史财产拆毁的迹象，对申请者或潜在申请者提前警告，可以收回联邦机构的资助、颁发的执照或许可。申请人故意回避《国家历史保护法》第106条规定的审查，毁坏或者不可逆转地损害历史财产，根据110条规定，撤回联邦资助。

（三）优先考虑历史财产的保护和利用

新建筑和老建筑可以和谐共存，对这样的建筑空间环境保护的最好方式就是在该空间允许人们继续生活和工作，合理使用这些建筑。单纯对单个历史建筑静态保护是不现实的和不符合公共利益的。因而在联邦机构规划和决策中，优先考虑历史财产的保护和利用，在使用非联邦财产时，应当首先考虑使用历史财产。在大多数情况下，对历史财产的利用，直接和机构工作相联系，但是有时候有其他用处。例如，作为印第安部落的传统祭祀场所或植物采集场所，或者作为公众了解历史的考古遗址等。

要与《国家历史保护法》宣告的政策一致，保护工作不是独立于联邦机构的工作，而是联邦机构基本工作的一部分。联邦机构历史保护工作必须是高效的，不是简单地履行第106条的规定，只是考虑对历史财产的影响。保护工作应该成为联邦机构一般和特殊工作流程的一部分，体现在联邦机构所有的政策、程序和活动中，是嵌在联邦机构管理系统中，以确保联邦机构在决策中考虑到历史保护。在计划或者同意任何有可能影响这些历史财产的行为时，要充分考虑这些影响。

联邦机构的工作是资助某项特殊活动，如果这项活动将会影响历史财产，联邦机构应最大可能地鼓励受资助者，保留和充分利用历史财产。如果联邦机构工作仅仅局限在对非联邦组织在非联邦拥有的历史财产上颁发执照或许可，要考虑避免或最大限度地减轻对这些历史财产的恶劣影响。作为保护工作的一部分，政府机构应当尽最大可能，对历史建筑和构筑物，保持它们的传统使用方式，对最大史前遗址和景观，应当保持它们不受任何干扰。当继续按照传统方式使用历史构筑物或者维护有重大意义的考古遗址或者文化景观不受干扰，已经不可行时，机构应当考虑适应性使用。但是适应性使用必须按照《国家历史保护法》第106条的规定进行审查。

联邦机构在考虑适应性使用时，应当考虑自身管理需要、费用和历史保护的需要。使用会对历史财产造成严重损坏或者破坏，就违反《国家历史保护法》第110条（a）款保护历史财产的规定，也违反《国家历史保护法》第101条（g）款关于保护历史财产的专业性的规定。当历史财产改造以满足当代的需求时，要确保改造遵守《内务部历史财产维修标准和指南》。改造历史财产，也要按照《国家历史保护法》第106条规定的程序进行审议。根据《国家历史保护法》第111条，为了继续或者改造性使用历史财产，可以考虑出租、交换等方式。为更好地保护历史财产，可以通过"历史多余财产项目（the Historic Surplus Property Program），把已登录或者正式决定将适合登录的多余历史财产移交给州、部落、地方政府。每个联邦机构必须尽最大可能，为履行其职责充分利用历史财产。联邦机构对自己部门所有或者管理的历史财产进行管理和维护，是法律明确规定的责任，在运营和维修时，要考虑这些历史财产上的历史、考古、建筑、文化的价值。

(四) 建立协商机制

协商是参与各方寻求意见一致、讨论争议的问题、交流双方观点的过程。协商的主要目的是思想交流，不是简单的信息提供。当就某个具体项目进行项目协商时，联邦机构应当开始就明确其利益的局限性；确定协商的规则、程序或者日程安排；考虑当事方其他人的利益；明确不止一种办法，有更广泛的选择；尽力找到让各方满意的解决方案。

协商一般发生在以下几种情况下：

1. 就联邦机构的历史保护体系进行协商

每个联邦机构应当就自己的历史保护体系和内务部部长（一般通过国家公园管理局主任）协商。协商会议应该联系历史保护联盟主任、文化资源同事与伙伴关系部、国家公园管理局、内务部，邀请他们参加，一起讨论联邦机构的保护工作是否遵循《国家历史保护法》规定和内务部制定的标准与指南。联邦机构也可以请求内务部部长提供技术帮助，以建立或完善历史保护工作。

2. 就联邦机构的项目进行协商

协商应当在影响历史财产的联邦项目的规划早期进行，可以邀请所有感兴趣或者受影响的公众或私人团体参加，但不能强迫他们发表意见。

评估影响出来后，采取的措施应当与其他联邦、州、地方政府机构、印第安部落、夏威夷土著组织和其他私人部门协商，听取各方意见。

以上对《国家历史保护法》的4个主要内容进行了介绍。除了上述保护历史遗产的机制和激励外，还规定了其他措施。例如，每年对联邦机构、州政府、地方政府中对历史财产保护有贡献的行政人员给予奖励；对修复国家历史地标的费用，由内务部部长100%直接拨付。通常情况下，在美国法院，胜诉方并没有代理费补偿的权利，除非国会有专门立法。1980年修改《国家历史保护法》，增加第305条规定：为了执行本法，可以向美国地方法院提起民事诉讼，允许法院判定败诉方承担为执行本法提起诉讼的律师费用以及法院认为参与诉讼的其他合理支出。原告在诉讼中胜诉可以获得，部分胜诉（例如庭外和解）也可以获得补偿。这个规定调动了历史遗产保护者执行法律的积极性。

第二节　美国《国家环境政策法》

美国《国家环境政策法》（The National Environmental Policy Act，简称NEPA），收录于《美国法典》第42章4321条至4375条，于1969年12月31日在国会通过，1970年1月1日由尼克松总统签署生效并实施。虽然它是一部环境法，但是对环境的释义非常广泛，既包括自然资源也包括人文资源，因而它不仅调整联邦政府机构对自然资源的影响行为，也调整对文化资源的影响行为，包括影响列入国家登录的财产的行为。

该法规定联邦政府有责任通过所有的现实可行的持续性政策，确保美国拥有安全、健康、效率、审美、文化的环境，保护重要的历史、文化、自然遗产，保护环境多样性和为每个人提供丰富和可选择的环境。

与《国家历史保护法》第 106 条一样,《国家环境政策法》也是一部程序法,并不要求有具体的结果,只是要求联邦政府机构在实施某一行为之前,必须进行环境评估。但是比第 106 条的规定严格,它要求联邦政府机构在决策过程中,对相关行为的环境影响进行严格审查。

一、环境评估

并不是所有的联邦机构的行为都需要环境影响评价报告。如果联邦机构不能确定是否需要环境影响评价报告,可以先准备环境评估 Environmental Assessment(EA),以决定是否必须准备环境影响评价报告。环境评估是简明的公开文件,主要用于:简要提供充分证据,分析是否准备环境影响评价报告或者证明没有明显的环境影响;如果做出证明没有明显的环境影响,联邦政府机构就是履行《国家环境政策法》的规定;如果必须提供环境影响评价报告,环境评估则为环境影响评价报告做了准备。

环境评估比环境影响评价报告要简短,大部分环境评估 10~15 页,而环境影响评价报告往往有几百页或者几千页。环境质量委员会规章规定:环境评估必须包括替代方案的讨论、对环境的影响、已经协商的机构和人员的名单。在现实工作中,在准备环境评估时,联邦机构会与环境保护机构、申请者和公众进行协商沟通。

准备环境评估之后,如果联邦机构认为没有对人类环境质量有重要影响,签署"没有明显的环境影响"证明文件,然后就可以终止《国家环境政策法》规定的程序。如果有,就需要准备环境影响评价报告。

二、环境影响评估

《国家环境政策法》第 102 条(2)(C)款是规定联邦机构责任的最重要的一个条款,联邦机构所提议的行为如果会对环境造成重大影响,就必须进行环境影响评估。环境影响评价报告强迫联邦机构仔细考虑它们的行为对环境的影响,防止联邦机构的决定在没有充分考虑给环境带来的负面影响时,就匆忙予以实施。而且环境影响评价报告会公之于众,公众舆论也迫使联邦机构履行其职责。

《国家环境政策法》并没有详细阐述什么时候怎么样准备环境影响评价报告,环境质量委员会制定的规章和法院判决填补了《国家环境政策法》的空白。

1. 联邦机构的行为

只有联邦机构所提议的行为对环境有可能产生重大影响,才需要做环境影响评估。环境质量委员会制定的规章中界定几类属于"联邦机构的行为":

(1) 联邦机构政策已经正式成文,如果采纳,将会导致联邦机构项目发生实质性改变;

(2) 联邦机构规划的正式实施,该规划是以后联邦机构行动的基础;

(3) 联邦机构项目的实施,该项目与联邦机构决策相关联,执行法律规定或者行政指令;

(4) 特殊项目的许可,该项目包括联邦机构许可或者其他规章决定同意由联邦机构资助的活动。

只要受到联邦补贴，例如私人住房项目，需要联邦机构颁发执照，就属于联邦性质的行为。

虽然环境影响评估仅适用于联邦机构行为，也只是联邦机构的义务，但是如果联邦机构卷入非联邦的项目，按照《国家环境政策法》，也属于联邦性质的项目。例如，联邦资助州项目，联邦和州之间的伙伴关系的项目就适用《国家环境政策法》关于环境影响评价报告的规定。但是如果一项计划不需要联邦机构的许可，就不适用《国家环境政策法》关于环境影响评价报告的规定。

2. 对环境的影响

虽然《国家环境政策法》并没有界定"影响"，但是环境质量委员会制定的规章规定：影响是指对生态、美学、历史、文化、经济、社会或者健康所造成的直接、间接或者累计性的结果。如果联邦政府机构提议的项目被执行，有可能造成不可避免的危害环境或者对环境产生不可逆和不可恢复的后果，这些都属于对环境的影响。

如果会产生影响，就要考虑对提议的行为有没有替代性方案，评估短期利用与长期生产之间的关系等。

环境影响评价报告在"重大联邦行为将会对人类环境质量产生重要影响"时做出。什么是"重要"影响？对于"重要"的理解，在 Natural Resources Defense Council, Inc. v. Grant 一案中，法院认为重大行为是指需要大量的计划、时间、资源或者花费的行为。因此，对重要的理解是个案性的。

对于"重要"的理解，环境质量委员会的规章解释：对重要的理解要考虑效果和强度。效果是指分析一个行为对全社会、地区、地方的影响。

重要性随着所建议的行为的设定条件而变化，要考虑短期和长期效果。强度是指行为影响的程度，包括影响受到的争议、对公共健康和安全的影响、累计性影响以及不确定或者独特的或不为人知的风险程度。在 Hanly Ⅱ 案中，法院提出 Hanly Ⅱ 标准。在分析一个行为的重要性时考虑两个方面：①在超过现在适用范围时，该行为造成环境负面影响的范围；②该行为本身造成环境负面影响的程度。很多法院采纳这一标准，但是也有一些法院采纳 Hanly Ⅱ 中 Judge Friendly 的意见，当对其重要影响有争议时，就需要环境影响评价报告。

3. 协商机制与实施机制

联邦政府机构不能对其行为的影响视而不见，它必须获得关于这个事项有权力管辖的其他联邦机构、州和地方政府的意见，而且要公示、召开公众会议和听证会。这就为联邦机构在决策过程中共同解决环境问题建立了一个协商机制。其他政府机构、州和地方机构、私人团体等作为"联合"或"合作"机构，在决策早期就可以分享信息、进行协商和提出减轻环境危害的替代方案。环境影响评估报告、相关利益机构的意见以及其他文件要公开，以便公众评议。《国家环境政策法》是一个程序性的法律文件，本身没有规定司法审查和公民诉讼条款。但是美国有司法审查制度，即法院有权审查行政行为。《行政程序法》规定，如果法院认为行政机关做出的行政行为是任意的、没有根据或者是滥用权力、其他无法律依据的，就应当认定违法，判决行政行为无效。提出对行政行为审查的两个标准：充分证据审查标准①和专断任意的标准。

因而，《行政程序法》为市民或者其他机构不履行《国家环境政策法》提起诉讼提供了法律依据。这些程序性条款给法院解释行政权力的边界预留了一个开放性的空间。

三、对历史保护的影响

联邦机构对环境影响评价的重要部分是对历史或文化资源有无重大影响，所提议的行为是否在某种程度或方式上影响已列入或有资格列入国家登录的财产。直接影响，例如穿过历史遗址建造一条高速公路；间接影响，例如在历史遗址附近修建高速公路；累计性影响，如果单个影响可以忽略不计，但是累加起来达到一定程度，就可能构成重大影响。例如可见的很多小的侵扰，叠加在一起构成噪声和污染，就属于重大影响。如果联邦机构认为，该行为影响环境，要么改变计划项目，消除影响，发布"没有明显的环境影响"说明，要么准备环境影响评价报告。环境影响评价报告是一份详细的文件，阐释提议的项目对环境的影响，以及避免造成影响可以采取的措施。

《国家环境政策法》对国家公园管理局也是适用的。美国国家公园管理局的所有决策都必须遵守《国家环境政策法》的规定。美国国家公园管理局的总体管理规划就是按照《国家环境政策法》的要求完成的。安装标志牌、展示牌和电话亭等，更新或增加已有电线杆上的高架缆线，在不改变原有线杆走线的情况下更换电线杆，属于不会对人类环境产生重大影响或累积性影响的行政行为，不需要做环境评价或提供环境影响报告，一般由国家公园管理局的主任签署并归档，也不需要公开。但是如果有新的工程会影响环境，就需要进行环境评价或提供环境影响报告。

在很多情况下，NEPA 和 NHPA 的保护范围重叠。历史保护咨询委员会鼓励第 106 条和 NEPA 之间的协调。但是在保护范围中还是有一些差别。NEPA 适用于所有的历史和文化财产，但调整的仅仅是主要的联邦政府行为；NHPA 仅适用于已列入或有资格列入国家登录的财产，但是调整的联邦政府行为广泛。

第三节　美国联邦《运输部门法》

《运输部门法》（the Department of Transportation Act）并不是专门保护历史财产的法律，但是该法第 4 节第（f）款是在联邦法律层次中，保护历史资源中最严格的款项，被编撰进美国法典第 49 章第 303 条中。这一条款因为是 1966 年的《运输部门法》第 4 节（f）条款，因而被叫作第 4（f）条款。

该条（a）指出，美国政府尽最大努力保护乡村、公共公园、保护区、野生动物和水资源保护区、历史遗址的天然风光，这是一项公共政策。第 4 节（f）条款是一个审查程序条款，它规定联邦政府部门许可或者资金资助的交通运输项目，不能破坏对国家、州、地方有意义的历史遗址、公共公园、休闲区、野生动物保护区、水资源保护区

---

① 该标准在 1938 年 Consolidated Edison Co. v. N. L. R. B.，305 U. S. 197，229（1938）一案中提出：相关证据足够充分，使一个有理性的人能够从这些证据中支持所得出的结论。

等，如果不能避免破坏，要有可行的替代方案；如果没有可行的替代方案，要有切实可行的将所有可能造成的损害降低到最低限度的计划。运输部部长在做决定时，要考虑运输项目或活动的损害程度，把避免、减少损害的影响作为同意的条件。

对于历史遗址，运输部部长如果认为危害很小或者危害可以忽略不计，可以同意该项目，但需要按照《国家历史保护法》第106条的规定，请历史保护委员会审议，判断该运输项目或活动是否对历史遗址没有负面影响或者没有对历史遗产有影响。同时项目所在地的州历史保护官员或者部落历史保护官员要书面同意，并与其他部门协商。

"使用"不仅包括直接对财产的占有，而且包括对保护遗址价值实质上损害的间接影响。例如，规划的高速公路要穿越历史街区的邻接区域，而把历史街区与附近的商业活动隔离，这种情况就需要按照第4（f）条款的规定进行评估。

第4节（f）条款适用于所有的运输机构，包括联邦高速公路管理局 the Federal Highway Administration（FHWA）（主要资助高速公路和桥梁建造项目）、联邦 the Federal Transit Administration（FTA）、联邦航空管理局 the Federal Aviation Administration（FAA）以及 the Coast Guard 城堡管理局（主要拥有或者管理历史灯塔以及通过法规的授权影响桥梁）。

虽然 NHPA、NEPA 和第4节（f）条款都是保护历史资源的法律条款，有部分重叠，但是第4节（f）条款和 NHPA、NEPA 有明显的区别。第4节（f）条款仅适用于对运输项目的许可。《国家历史保护法》第106条款和 NEPA 要求行政机关考虑对历史资源是否有影响，而第4节（f）条款直接规定运输部门部长要避免对历史资源造成损害，除非没有可行的或谨慎的替代方案。

第四节　文物和考古资源保护的法律

文物的保护与一般的建筑遗产保护不一样，它们有些埋在地下，对它们的挖掘需要政府监管；有些已经出土，需要为公共利益合理使用。美国这方面的法律有两部：《文物保护法》和《考古资源保护法》。

一、1906年《文物保护法》

《文物保护法》（the Antiquities Act）是第一部联邦保护法律，1906年6月8日颁布，曾经修改过一次，仅有4条。

第1条是对文物破坏的处罚性条款。任何人未获得内务部部长的许可，在美国政府所有或控制的土地上占有、挖掘、破坏或捣毁任何史上、史前的遗迹、遗址、古物的，有管辖权的法院处以不超过500美元的罚金或不超过90天的监禁或者同时处以罚金和监禁。

第2条建立国家地标制度（当时被称为国家纪念物，national mouments）和所在土地保护。授权美国总统有权公开宣布位于美国政府所有或控制的土地上的历史地标、史上和史前的构筑物及其他具有历史或者科学价值的物体为国家纪念物，它们应该作为所在土地的一部分得到保护。这片土地的面积为该国家纪念物获得适合保护和管理所需要的最小范围。如果国家纪念物位于私人所有或私人正在善意主张产权的土地之上，而这片土地是对国家纪念物进行适合保护和管理所必需的，这片土地可以转让给国家政府，内务部部长被授权代表美国政府接受这些土地的转让。除非有国会明确授权，不得在怀俄明州设立国家纪念物或者涉及怀俄明州设立国家纪念物。

第 3 条规定对文物的许可制度。内务部部长、农业部长、国防部长，如果认为申请人符合部门规章的条件，有资格在其行政管辖权范围内的土地上科学考察、发掘考古遗址、收集古文物，可以颁发许可证。如果科考、发掘和收集工作加深对文物的认知，是为著名的博物馆、大学、学院或其他认可的科学或教育机构的利益服务的，那么所获文物应当在公共博物馆内永久保存。

第 4 条是授权条款。授权上述部门的部长为执行本法，应当即时制定和颁布统一的规章制度。

文物包含重要的历史信息，应该保存下来，这部法案的通过就是要保护文物（antiquities）。对于什么是文物，法院的认识不一致，导致该法的有效性存在争议。在 United States V. Diaz[①] 中，法院认为使用没有明确定义的词汇，是模糊的和违宪的，违背正当程序原则。在 Save the Courthouse v. Lynn[②] 一案中，第九巡回法院认为文物可以指新的物，也可指古老的物，甚至可以部分使用，因而是不能下定义的非常态使用的词语。但是第十巡回法院不同意 Diaz 案的观点，认为文物一词意味着有长久历史的过去，承载含义是明确的。

《文物保护法》授权总统有权将联邦控制的土地上的历史地标、历史和史前的结构物、具有历史或者科学价值的物品宣布为"国家纪念文物"。国家纪念文物既可以具有历史价值，也可以具有自然价值。对于要进行科学和考古考察的个人或者协会，需要向有关机关申请许可。

《文物保护法》的目的是保护联邦土地上的古迹或者自然资源免受人为的破坏，法律授权总统有权保护历史地域。例如，美国总统杰弗逊曾宣布了 19 个国家纪念文物，并扩建了 3 个国家级历史遗迹。至 1979 年，美国全国有 92 个国家纪念文物，有些国家公园就是从国家纪念文物的基础上发展起来的，例如大峡谷和大提顿自然公园。

《文物保护法》只局限于联邦政府所拥有的或者接受捐献的土地上的文物，至今仍然有效。

二、1979 年《考古资源保护法》

1979 年，美国国会制定《考古资源保护法》（Archaeological Resources Protection Act），对《文物保护法》进一步完善。考古资源是具有考古价值的人类生活或活动历史遗留物，是国家遗产不可替代的一部分。联邦机构的部长、其他联邦机构的首长都是联邦土地管理者（Federal land manager），是联邦土地管理的第一责任人，如果与内务部部长的职权冲突，联邦土地管理者指内务部部长。任何在公共土地上对考古资源的挖掘

---

① United States V. Diaz, 499 F. 2d 113 (9th Cir. 1974).
② Save the Courthouse v. Lynn, 408 F. Supp. 1323, 1340 (S. D. N. Y. 1975).

或者移动,都必须获得许可。扩大许可的范围,《文物保护法》不需要获得许可的行为,根据《考古资源保护法》仍然需要获得许可或者批准。加强处罚力度,在刑事方面,从《文物保护法》规定不超过 500 美元的罚金或不超过 90 天的监禁,到《考古资源保护法》规定不超过 10000 美元的罚金或不超过 1 年的监禁,如果再犯,处以不超过 100000 美元的罚金或不超过 5 年的监禁。增加民事赔偿制度,对违法者,联邦土地管理者可以追究民事责任,金额不超过修复的费用或者市场价值的 2 倍。

第五节 1935 年《历史古迹法》

美国联邦国会于 1935 年通过《历史古迹法》(the Historic Sites Act),扩大联邦权力。第一次制定联邦法律,规定联邦政府有责任为公共利益保护具有国家意义的历史遗址、建筑和物品,这是一项国家政策。该法保护具有历史和考古价值的遗址、建筑和物品,所以也被称为《历史遗址、建筑和物品法》。该法有 7 条,主要内容如下所述。

一、内务部部长的行政权力和责任

《历史古迹法》明确了内务部部长的行政权力和责任:

(1) 对具有历史和考古价值的遗址、建筑和物品,要收集、编制、保存图纸、拍照和保存其他数据资料;

(2) 对具有历史和考古价值的遗址、建筑和物品进行普查,证明或者描述在美国历史上有独特价值;

(3) 对美国特殊价值的遗址、建筑和物品,进行必要的调查和研究,获得真实准确的具有历史和考古价值的事实和资料;

(4) 授予内务部部长有权以国家名义通过赠与、买卖以及其他方式获得任何动产和不动产;

(5) 与州、城市政府机构、公司、组织或者个人,签订合同或者合作协议,为公共目的使用、保护、运营有历史和考古价值的遗址、建筑和物品;

(6) 对具有国家历史意义和考古重大价值的遗址、建筑、物品、财产进行修缮、恢复、重建、保护、维护,在必要时,建立博物馆;

(7) 对国家历史上有重要意义的事件的发生地、具有重大考古价值的地方,要树立(并维护)铭牌,以便标记或者纪念;

(8) 运营和管理具有历史和考古价值的遗址、建筑和财产;

(9) 为贯彻本法,可以组建公司;

(10) 创建教育项目,提供教育服务,以便让公众了解对美国历史有意义和具有重大考古价值的遗址、建筑、财产;

(11) 落实本法以及根据本法制定的规章,有权对违反本法和规章的人处以不超过 500 美元的罚款,并要求负担所有的费用。

内务部部长通过国家公园管理局(NPS)履行上述责任。国家公园管理局是 1916 年 8 月根据《国家公园管理局组织法》设立的,是内务部下属的行政机构。它的主任由总统任命，国会批准。由于国家公园管理局很早就对自然景观进行保护工作，积累了大量经验，不仅仅限于国家公园、国家军事公园、国家战场旧址的管理，在历史保护的各个方面都发挥了作用。现在它是绝大部分美国联邦保护项目的行政管理者，与各州和地方政府、非营利组织、历史财产的所有权人、美国印第安部落等建立伙伴关系，对列入国家历史场所登录的80000件左右的财产、2400个左右国家历史地标、27个国家遗址区等拨付资金予以保护。内务部通过国家公园管理局进行国家登录工作，指导州、部落、特定地方政府的保护工作，编写联邦政府机构保护工作指南，设立联邦所有的财产保护标准，开展保护教育和培训工作，管理资金资助和贷款。它所制定的历史财产修缮标准和指南，已成为美国历史财产修缮的标准。

二、成立国家公园系统咨询理事会

国家公园系统咨询理事会（National Park System Advisory Board）虽然于2006年1月1日解散，但是它在协助内务部部长执行《历史古迹法》的过程中发挥了重要作用。国家公园系统咨询理事会由12名理事组成，历史学、人类学、建筑历史或者景观学、生物学、生态学、地理学、水下科学、社会学等方面的专家至少各1名，至少有4名理事有自然资源或文化资源管理经验，为公园管理局主任、内务部部长提供咨询建议，推荐国家历史地标和国家自然地标，与主要的学术和专业组织联系。

三、与政府机构和私人组织合作

国家公园系统咨询理事会有权直接从联邦政府机构获取所需资料和信息，内务部部长与联邦、州、市的政府机构、教育或科学组织、任何爱国组织或者个人合作，寻求帮助。必要时成立技术咨询委员会，指导历史建筑和构筑物的修缮和重建。

法案至今有效，但是行政程序不够明确，例如只是规定与政府机构和私人组织合作，但是对于如何合作没有规定，保护历史财产的力度还是不够。

为什么《国家历史保护法》虽然制定于1966年却比《历史古迹法》对历史遗产保护的力度更大、影响更深？因为它调动起州和地方的力量参与保护，保护的范围也扩大到私人拥有的财产，同时吸纳了《历史古迹法》的内容，例如根据第101条（a）（B）款规定，符合《国家历史保护法》和《历史古迹法》规定的，可以认定为"国家历史地标"，录入《国家登录》。

联邦保护法律的特点是程序法，这些法律不是直接保护建筑遗产，而是要求联邦政府机构在实施某一项目之前，遵循一定的程序。法律强调的是程序而不是实质内容，所以没有执行条款，也没有民事或刑事处罚条款。

但是，联邦政府对地方保护建筑遗产起到了推动与引导作用。

首先，联邦收入税收法（The federal income tax code）对地方政府制定建筑遗产保护法有一定的推动作用。1976年，税收改革法允许在国家登录上列名的建筑遗产的所有者对建筑遗产的维修费用在60个月内进行分摊，或者对维修费用加速折旧。如果内务部认为州或者地方法律对建筑遗产提供充分保护，而且授予建筑遗产的标准实质上与国家登录标准相似，联邦税收优惠也可适用于州或者地方登录的建筑。1981年经济复苏，税收法对税收激励政策进一步提升，对建筑遗产修复的，可以获得投资额25%的税收减免。1976—1983年，超过5600个维修工程获得29.8亿美元的税收减免。这是建筑遗产保护第一次获得公共资金的资助。

其次，1980年国家历史保护法修正案也激励地方建筑遗产保护法的发展。该修正案规定，地方建筑遗产保护法如果有对历史区域内的建筑遗产授予称号的条款，以及含有对影响授予称号的地标改动和拆毁进行审查程序的条款，地方历史保护委员会和市长可以在州和联邦政府之前对国家登录的提名建议进行审查和评议，而且每年最少可以得到联邦政府给每个州的历史保护拨款基金的10%。许多州通过财产税优惠政策、收入税优惠政策或者其他财政激励手段，鼓励地方对授予称号的历史建筑进行维修。地方制定历史保护法，参与州历史保护项目后，可以获得修缮建筑遗产的财政优惠，修缮工程还能够为地方带来巨大的经济利益。

第三章　美国州历史保护法

美国采用联邦制，联邦享有宪法规定的权力，国会只能制定宪法规定的事项的法律。州享有宪法授权联邦以外的权力，即"剩余的权力"，地方的权力来源于州授权，但是地方有"自治权（home rule）"。联邦和各个州在各自权力范围内行事，但是从建筑遗产保护来看，形成了联邦—州—地方立体保护体系，形成了三级地方"伙伴关系"，它们互相影响，在各自权力范围内共同保护建筑遗产。地方制定的法一般叫"ordinances"，本书不做区别，一律翻译为法律。

20世纪50年代晚期到60年代早期，主要由州授权地方政府保护历史财产。建筑遗产保护法最早是由地方政府制定的，而且对私人拥有的建筑遗产的保护是通过地方历史保护法实现的。根据地方历史保护法，建筑遗产的所有权人在对建筑遗产进行改动或其他影响建筑遗产行为之前，须获得历史保护委员会或者其他权力机关的许可，否则会被强令停工和受到处罚。1966年《国家历史保护法》的出台，使州在联邦历史保护项目中处于纽带的地位；1980年《国家历史保护法》修订，进一步扩大了州在联邦历史保护项目中的责任。

州在历史保护方面，制定的法律主要有两种类型。

（1）州授权法。有些地方政府有自治权，可以不用授权就制定调整私人财产的法律。但是大部分地方政府需要州特别授权，授权制定法律（通过区划、建立历史区域和历史保护委员会、计划、购买、使用等历史保护机制）保护历史财产。大部分州通过制定授权法，授权地方政府完全拥有制定建筑遗产保护法的行政权力，也有个别州保留一部分权力，例如在堪萨斯州，州法律保留调整破坏或改动历史遗产或者其周围环境的行为的行政权力。地方法律必须与州授权的范围一致，所以地方保护法对历史遗产的保护程度是由州授权法决定的。

虽然州授权法在形式上千差万别，但是一般都会授权地方政府有权制定对影响历史遗产的私人行为控制的许可制度，例如地方政府有权授予"历史遗产"称号，制止不适当的改动、拆毁或者新建。有些州授权法还授予地方有权制定经济困难条款、因疏忽大意造成毁损条款等。

（2）州历史保护法。在美国，州不是联邦宪法创立的，1787年之前，州已经存在。各州的权力不用通过联邦宪法寻找依据，而是依据各州的宪法，因而美国各州的历史保护法不完全一致。1787年联邦宪法的很多"概念"来自州宪法，后来州宪法在一定程度上又借鉴联邦宪法。和这点相似，在1966年《国家历史保护法》通过之前，有些州已经有自己版本的历史保护法；1966年之后，很多州以《国家历史保护法》为蓝本，制定州历史保护法，州历史保护法都有类似《国家历史保护法》第106条、第110条的规定。设立历史保护政府机构并规定了它们的职责，在有些州，还建立州历史场所登录机构。州登录的标准和国家登录标准一致，有利于获得联邦的资金支持。

除此之外，还有两种法律对保护历史财产很重要。

（1）美国州宪法。有部分州在宪法中就规定保护历史是州立法的目标之一，为保护历史遗产提供宪法依据。还有些州通过州宪法中的环境保护条款保护历史财产，有三种情况[①]。第一种规定在环境权中。例如，宾夕法尼亚州宪法规定，人民有清洁空气、纯净水、保护自然、景观、历史、审美价值的环境的权利。第二种规定保护环境是一项公共政策。例如，伊利诺伊州宪法规定，为了公众和下一代的利益，提供和维护一个健康的环境是州公共政策和每个公民的责任。第三种授权政府部门为了实现历史保护目标，可以使用有参照标准的措施。例如，路易斯安那州宪法规定，对历史财产征税，可以根据现在的使用价值而不是市场价值作为征税基础，为历史保护提供激励措施。

（2）美国州环境政策法。绝大部分州的环境政策法，通常要求政府机构在实施一项政府项目时，要考虑和减轻对历史资源的负面影响。本章第三节将详细论述。

第一节　州授权法

在美国法律体系下，对私人所有的建筑遗产进行控制，提供最强保护措施的是地方历史保护法。地方政府的权力来源有两种：有些地方政府的权力是由州授予法授予的；有些地方政府根据州立法或者州宪法拥有"自治权"。无论哪一种地方权力，地方权力的来源决定地方行政机构权限的范围。地方行政权力很早就被认为独自执行法律，20世纪以后，州政府才创立州行政权力，协助法律的实施。地方政府最重要和最传统的作用就是执行法律。州授权地方政府保护历史财产，为避免历史财产被拆除、因无人维护而倒塌或者不适当地改动丧失原有建筑风格，可以制定地方法律。授权法可以是州区划法或者州历史保护法、州宪法。美国第一个制定历史保护法的城市是查尔斯顿。查尔斯顿在制定这部法时，行使的市级行政权来源于州区划授权法。第二个制定保护法的城市是新奥尔良，它制定该法的依据是1936年州宪法修正案。

现在，大部分州授权地方政府有权制定历史保护法或者保护建筑遗产的法律。有些州如路易斯安那州、密苏里州，甚至在州宪法规定，地方政府应当制定历史保护法律。有些州，例如路易斯安那州、密歇根州，规定在认定为地方地标或者历史区域之前，应当成立一个研究委员会，由它对社区有历史价值或者建筑价值的财产进行普查，并且对它们是否适合认定做出报告。宾夕法尼亚州规定，对地方历史区域的认定需要州历史保护咨询委员会同意。其他州，如佛罗里达州、亚拉巴马州、明尼苏达州规定在一个特殊社区被认定为地方历史区域之前，需要制定相关的州实施法。

一些州制定授权法，授权地方政府制定和实施历史保护法。一些地方政府已经享有广泛的授权，制定历史保护法律。在严格实施"狄龙规则"的州，例如弗吉尼亚州，对地方授权必须明确，必须规定具体的权力。

---

① Roland M. Frye. Envioronmental Provisions in State Constitutions, Envtl. L. Rep. (Envtl. L. Inst.) 1975 (5): 28-30.

在美国，各州的授权法差异很大，很难归类，但是无论是州授权法还是自治权章程，都可以从是否有立法权、是否获得历史财产权、是否有税收权三个方面去判断其是否符合司法审查的要求。

一、制定法律的权力

（一）授权制定区划法

州授权法一般都规定为了保护和促进公共健康、安全和利益，地方政府有权制定和执行相关的行政法律。每个州都或多或少地授权地方政府有权制定土地利用的法律，例如区划法。绝大多数的州都规定历史保护是总体规划和其他土地利用法律的目的之一，因而地方政府可以利用总体规划授予的权力，设立历史保护区域，对该区域中所申请的行为规定特殊标准和审查程序。即使在个别州，在土地利用授权法中没有特别提到历史保护，但是地方政府为了促进公共利益，有足够权限为历史保护的目的设立特别区域。

虽然地方政府有制定区划法律的权限，但是要解决保护历史资源复杂问题时，单一的区划法律没有达到保护历史财产的"综合性"标准[①]。因而，授权地方政府制定"历史区域和地标保护法"是很多州的选择。

（二）授权制定历史区域和地标保护法

虽然各州的授权制定历史区域和地标保护法各有不同，但是一般包括以下条款。

（1）目的条款。

虽然各州的授权制定历史区域和地标保护法的目的条款有差异，但是由于有司法审查制度的存在，这些目的必然是经过深思熟虑、被证明是有理性的，在司法审查时，能够证明这些目的条款不是滥用行政权力制定的结果。

例如，宾夕法尼亚州强调保护具有鲜明特色的建筑或者历史遗产是非常重要的。佐治亚州认为，刺激中心商业区的复兴，增强旅游吸引力，将有利于地方商业的发展。阿肯色州授权法的目的是：通过保护历史区域和建筑，促进教育和文化、经济和公共利益。

（2）设立历史保护委员会或者理事会。

授权地方政府设立历史保护委员会或者理事会，并直接规定或者授权地方政府规定历史保护委员会或者理事会的任命程序、组成、成员及任职的条件、投票程序等。

授予历史保护委员会有制定规章和行政管理的权力，包括制定行政管理指南的权力；授权认定地标和历史区域的权力，授权对已认定的各种历史资源例如建筑、遗址、考古或文化资源，进行登记并编制目录的权力。

（3）建立认定标准和明确审查责任。

认定为历史财产的标准和联邦法律的规定差不多，历史财产要有国家、州、地方的

[①] 1978 年美国联邦最高法院在 Penn Central Transportation Co. v. New York City 一案中，认为纽约城市地标保护是"综合性保护项目"（Comprehensive Preservation Program），因而是合宪的。提出综合性标准，符合该标准，就要有历史财产的普查，有调查研究、经济和技术帮助、法律规章以及政府机构之间的协调等。具体内容参见第四章第一节。

历史价值或建筑价值。制定提名和认定的程序，包括历史财产提名程序、认定程序、发布通知和召开听证会以及最后决定程序。在认定期间，指定一个权威机构保护历史财产。一般授权历史保护委员会对财产所有权人的行为进行审查，明确审查的行为类型（例如改动、增加、移动、拆毁、新建）、对非常小的改动和日常维护的管理、审查权力的范围、审查的法律后果（有约束力和建议性的）等，还包括工作人员的地位、初步审查或者初步同意的程序、通知和听证会的要求、做出决定的条件等。

（4）规定因经济困难的免除责任的标准和程序。这一部分可以看第一章相关内容。

（5）授权地方政府有权制定法律，制止对历史财产因没有尽责导致拆毁的事情发生。

例如北卡罗来纳州授权法规定：任何城市的政府机构有权制定对地标或者历史街区中的建筑或构筑物，因没有尽责导致毁损的法规，但是同时要对财产所有权人提供合适的帮助，免于造成义务人的经济困难。

罗得岛州授权法规定：在所有权人没有尽责修缮建筑遗产时，城市权力机构或者乡镇权力机构可以授权城市委员会或者乡镇委员会，与历史区域委员会协商后，对由于要保护的建筑结构或附属物的毁损，造成建筑遗产的历史价值或者建筑价值损害程度予以评估。委员会应当公布维修的标准。如果建筑遗产有失修情况，历史区域委员会申请，委员会可以命令所有权人在不少于 30 天合理时间内予以修缮。如果所有权人在规定的时间内没有维修，委员会可以召开听证会，所有权人出席并陈述理由。如果所有权人不出席听证会，也不执行委员会的命令，委员会可以使用城市或者乡镇的资金予以维修，并且对该财产行使留置权直到所有权人返还维修费用。

亚拉巴马州州授权法规定：因失修造成损毁以及对建筑遗产或者历史区域里的构筑物的维修失败，都构成适当证书[①]（有时也叫"同意证书"或"历史区域动工许可"）的改变。

（6）规定该法的例外条款例如因公共安全，不适用该法。

（7）救济程序，包括提起诉求的程序以及实施条款，例如违反后的罚款和处罚。

虽然每个州都制定授权法，但是由于政治理念不同，还是有一定的差异性。

二、授权获得历史财产的权利

获得历史财产有两种方式：一种是完全获得历史财产的所有权；另外一种是通过历史保护地役权，获得历史财产的部分权利。绝大部分州采用第一种形式，即授权地方政府可以为了公共使用，在公平补偿时，有权征收历史财产，获得历史财产的所有权。同时会授权地方政府有责任募集和使用资金养护和管理历史财产。由于征收历史财产会花费财政资金、减少税收，所以在授权法中会限制使用，例如密歇根州授权法规定，只有在所有的保护历史财产的努力都已失败或者公共机构拥有所有权是最适合的保护方式

---

① "适当证书"（Certificate of appropriateness）是历史财产所有权人在对历史财产进行建造、重建、修建、拆除之前，要向历史保护委员会申请"适当证书"，证明对历史财产的上述行为是适当的，获得该证书后方可实施，否则是违法行为。

时，地方政府才获得授权，取得历史财产的所有权。

购买的权力一般授权给地方历史保护委员会或者地方选举产生的政府机构。印第安纳州授权法直接授权给地方保护委员会。弗吉尼亚州授权法既授权给地方历史保护委员会，也授权给地方政府。

第二种方式就是通过历史保护地役权（该权利在第一章做了具体介绍）。例如伊利诺伊州历史保护地役权法案规定，地方政府可通过协议获得历史保护地役权或者景观地役权。获得保护地役权一般授权给地方政府或者公益组织，但北卡罗来纳州规定营利性组织也可以享有该项权利。有些州使用的词语是部分付费（less-than-fee acquisition），例如北卡罗来纳州历史保护授权法规定：地方历史保护委员会有权通过完全付费或者部分付费的方式获得历史建筑物的利益。

这两种方式各有利弊，历史保护地役权如果再加上税收优惠，可以激发所有权人保护历史财产的动力。

三、授权税收减免的权利

为了激励历史财产的所有权人，有些州授权地方政府有权减轻历史财产上的税负，税负减免的范围各州不同。马里兰州授权地方政府在历史财产的所有权人重修、修缮时，甚至在历史区域建造与历史区域建筑风格相协调的新建筑，都可进行税收优惠。新墨西哥州与马里兰州不一样，只有在州登录的财产才可以享受税收优惠，而且只有实际修缮，并已经因保护历史财产发生支出后才能申请，不包括新建筑。

有些州根据历史建筑的价值进行税收减免。例如康涅狄格州授权地方政府根据建筑物的历史或建筑价值，部分或全部减免财产税。地方政府负责决定历史建筑的价值，一般地方政府授权由地方历史保护组织或建筑协会组织进行。州对地方政府提供一定额度的财政支持。如果建筑物被不适当的方式损毁或者改动，所有权人要返还所得的税收优惠。

虽然有些州授权地方政府为保护建筑遗产可以减免税收，但是地方政府担心税收流失，一般不愿意使用该项授权。

第二节 州历史保护法

一、《国家历史保护法》对州历史保护法的影响

20世纪50年代末期至60年代早期，在历史保护方面，州通过授权地方进行历史保护，走到时代的前面[①]。1966年《国家历史保护法》通过后，各州政府虽然在历史保护中发挥着重要作用，但是根据法律的规定，承担的是纽带性的作用。《国家历史保护法》对州历史保护法的影响有以下几个方面。

---

① Michael Mantell. State Preservation Law, in A handbook on historic preservation Law. The Conservation Foundation and The National Center for Preservation Law, 1983.

(一) 增强州在历史保护中的责任，调动州的积极性

根据 1966 年《国家历史保护法》的规定，州要获得联邦的资助，就必须设立州历史保护官员一职，对历史财产进行普查，开展全州范围的历史保护规划，按照内务部标准进行历史财产的修缮等。

《国家历史保护法》通过以后，有 50 个州根据该法的规定对联邦机构的历史保护工作提供支持和服务，例如向国家历史场所登录提名，与联邦机构就影响已登录或者有资格登录的联邦项目进行协商，对申请联邦维修减免税进行审查等。各州也通过制定法律，建立州历史遗产保护机制，例如建立州登录制度，保护公共建筑和私人财产免受政府行为的潜在损害等；制定州授权法，授权地方政府制定历史保护法、地役权保护、税收激励制度等。

州历史保护官员是美国保护历史和文化资源的核心机构，成为美国每个历史保护项目的枢纽，与个人、民间组织、政府机构就历史保护议题进行协商。根据《国家公园管理局资金年度报告（2011）》的统计，州历史保护官员在 2009 年审查 106900 个联邦项目，在 2010 年审查 24200 个联邦项目，提出 112000 个是否有资格国家登录的意见；部落历史保护官员在 2010 年审查 34600 个联邦项目，提出 7150 个是否有资格国家登录的意见。

(二) 以《国家历史保护法》为蓝本，制定相应的历史保护措施

1. 落实州政府机构的历史保护责任

许多州都制定和《国家历史保护法》第 110 条相似的条款，要求每个州政府机构要认定历史财产、向州历史登录提名，维护和管理州政府机构享有所有权和管理的历史财产，鼓励保护式使用，防止潜在的损坏行为。历史保护政策植根于政府部门的日常工作程序和管理系统中，包括要有充足的预算和人事资源。由于在《国家历史保护法》中，美国国会规定政府机构要向管家一样管理好历史财产，因而州政府机构认定和保护它们控制的历史资源的行为被称作"州管家项目"（state stewardship programs）。一个州如果有很强的"管家项目"，则有利于历史保护法的有效实施。一个负责的州政府机构，会实施有效措施，在历史保护工作早期就保证历史财产已经或将要认定，积极与有关机构和个人协商，协商的时间越早，当出现冲突时，越可能找到行之有效的解决方案。

州政府部门对自己所有或管理的财产，如果符合州历史登录的标准，有责任进行普查、记录和提名。有些州规定某一政府部门例如州历史保护官员或者历史审查委员会负责普查或者勘察州所有的历史财产和考古遗址，而且有权监督普查过程并最终对在州登录上登录或者可能登录做决定。

例如，加利福利亚州公共资源法典第 5024 编（California Public Resources Code § 5024）规定，每一个州政府部门都有责任对有可能列入国家历史登录或者授予州地标称号，并且对有 50 年以上自己部门占用或使用的建筑进行登记，并编制目录。SHPO（州历史保护官员）负责重要历史资源登录，该登录是进行政府资助的依据，也是审议某一行为对州拥有的财产是否有潜在危害的依据。(a) 1982 年 1 月 1 日之前，每个州政府部门对自己管辖的已列入或者有可能列入在国家登录或者被认为是州历史地标的历史

财产提出保护和维护方案，SHPO 提供所需的建议和帮助；（b）1983 年 7 月 1 日之前，每个州政府部门要向 SHPO 提交其管辖下州所有超过 50 年的列入或有可能列入国家登录或者是州地标的建筑目录。对公路用地上的建筑，在同意改动其原样、结构、特色或者改变用途或者拆毁之前，必须进行登记并编制财产清单目录；（c）在和相关州政府部门协商以后，SHPO 制定标准，州历史资源委员会提出建议，对相关政府部门提交的历史财产清单目录和保护的方案进行审查。SHPO 有权决定哪个历史财产符合国家登录和州历史地标的标准，应该列入重要历史资源目录；（d）SHPO 应当编制包括所有州政府部门呈交财产清单目录中的主要建筑清单目录，并根据本法判定其重要性，该目录也包括已经在国家登录上列入的所有州的历史资源和登录为州历史地标的财产。SHPO 应当通知拥有历史资源的部门，对列入主要建筑清单目录的财产的保护包括维修和修缮活动予以资助；（e）1984 年 7 月 1 日之前，每个州政府部门向 SHPO 呈交最新的财产清单目录并提交当年的保护活动报告，以后每年都如此；（f）对任何项目有可能影响到清单目录上的财产，相关政府部门向 SHPO 呈交评议报告；（g）本法中的州政府部门指任何加利福尼亚州的部门、机构、分支机构、委员会、董事会、局、办公室以及其他权力机关；（h）本法中的建筑指任何人类建造的不可移动物体，以特定结构组成相互联系的部分组成，被用作遮风避雨或者活动场所，被认为是历史资源。

这些规定确保州政府部门对自己所管理和使用的历史财产进行保护和修缮。

2. 建立对历史财产有影响时的协商机制

许多州也制定州第 106 条款或者州第 4（f）条款，和联邦法律第 106 条非常相似，也是一个程序性条款，要求州政府机构要考虑自身行为对历史财产的影响，为保护历史财产提供一个协商机会，州政府机构要与州历史保护官员、有利益关系的组织、个人协商，探讨机构的行为可能对历史财产的危害。如果没有协商，州政府机构的行为可能被认为违反《行政程序法》，被法院宣告无效或者要求整改。

不同的州规定在不同的法律中，有的州规定在环境法中。例如《明尼苏达州环境权利法》（Minnesota Environmental Rights Act）第 116 条规定：州政府机构不能拆除历史财产，除非有慎重可行的替代方案。有些州规定在历史保护法中，例如《新墨西哥州史前和历史遗址保护法》规定：禁止使用州资金资助任何需要使用已在州文化财产登录或者国家历史财产登录的史前或者历史遗址的土地或者部分土地的项目，除非有可行的谨慎替代方案，而且要有历史保护规划和把损害降到最低的方案。该条款规定对历史财产的实质性保护，任何人可以根据该条款向有管辖权的法院提起颁发禁令诉讼或者其他诉讼。另外，还规定州政府机构有责任制定所有可能的历史保护规划，把对历史财产的损害降到最低。

和联邦法律《国家历史保护法》一样，州法律也提供公众参与的渠道，在大部分情况下，通过公民参与实施法律规定。没有公众的参与，这些法律就不可能建立起对历史资源的保护和管理，当政府政策冲突时，通过内在机制解决。

二、州历史保护法

除了授权地方政府保护历史财产，有一些州还有州历史保护法。

州历史保护法的一般条款：

(1) 目的条款、权力来源和行政机构履行职责条款；

(2) 定义；

(3) 历史保护委员会或者其他行政委员会以及它们的职责；

(4) 授予历史地标、历史区域称号的标准和程序；

(5) 委员会需要审查的行为以及审查的法律效力；

(6) 对上述行为审查的标准和程序；

(7) "经济困难"审查的标准和程序；

(8) 防止"因疏忽导致毁损"的条款；

(9) 对历史保护委员最终决定的救济程序；

(10) 违反法律的处罚。

一般来说，每个州历史保护法规定了至少以下几方面的内容：①对所占用的历史资源认定和编制目录（这个内容将在第四节详细论述）；②保护这些资源免受州政府行为的破坏；③最大可能鼓励保护历史财产的激励政策。

下面就几个州的历史保护法进行介绍。

(一)《堪萨斯州历史保护法》

《堪萨斯州历史保护法》[The Kansas Historic Preservation Act (Kan. Stat. Ann. § 75-2724)]规定州和地方政府的活动不能影响已登录的历史财产或者坐落在历史财产附近的财产。该法特别规定：堪萨斯州历史的、建筑的、考古的和文化的遗产是本州的重要资产，保护和维护它们是政府最重要的优先考虑的事项之一。州政府机构或者任何州的政府分支机构不能实施任何对在国家历史场所登录或者州历史场所登录的财产的侵害、损害、破坏的活动。除非通知州历史保护官员进行调查和评议所提议的活动。该活动包括：州或者地方政府直接实施的活动；全部或者部分由公共资金、补助、贷款或者其他财政资助的活动；获得政府的租赁、许可、执照、证书或者其他授权的活动。而且SHPO认为该活动侵害、损害或者破坏历史财产，该项活动不能进行。除非①行政机关在考虑所有相关因素的基础上已经决定，没有可行慎重的替代方案，而且已经准备了所有可能对历史财产的危害降到最低的计划；②决定后5天之内通知SHPO。

虽然堪萨斯法律规定的审查标准和联邦《运输部门法》第4(f)的规定一样，即"没有可行慎重的替代方案，而且已经准备了所有可能对历史财产的危害降到最低的计划"，但是堪萨斯高等法院在解释时，与联邦法律有一定差别。例如在 Reiter v. City of Beloit 一案中，法院没有采纳美国联邦最高法院对"可行和慎重"的标准。堪萨斯法院认为，应该按照字词本义和通常意思解释，政府部门的决定应该是基于个案，考虑所有相关因素。每个州政府机构，在保护历史资源方面，即使不是领导者，也应为积极参与者。

(二) 佐治亚州历史保护法

佐治亚州历史保护法编撰于佐治亚州法典12章第3节55条。该法条规定：所有州政府机构的行政首长要承担保护行政机构拥有所有权的历史财产的责任。为履行行政机构义务，在获得、建造、租赁建筑物时，要在程序上方便、经济上可行的前提下，尽量使用历史财产。

佐治亚州法律为每个州政府机构设立了一个历史保护项目时间表。2000年7月之前，行政机构应当建立一个认定、评估、向佐治亚州历史场所登录提名的历史保护体系。管理和维护历史财产必须按照不损害其历史的、考古的、建筑的和文化的价值方式实施，对于已经认定具有州历史重要意义的财产，要给予特别关注。所有机构的历史保护活动在执行之前都需要和其他联邦政府机构、州政府机构和地方政府机构，以及美国土著居民、私人组织等进行协商沟通。另外，在州政府机构的活动可能会给国家历史地标造成负面影响时，州政府机构行政首长在同意该活动之前，应尽最大可能制定对该地标造成最低损害的规划，并请求相关机构进行审议。而且除非特殊情况，对故意造成历史遗产破坏的申请者不发放贷款、不颁发许可或执照不给予其他形式的资助。

与联邦法律一致，佐治亚州法律规定，行政机构在使用和维护时，在操作适当、经济可行的条件下，要考虑坐落在商业区的历史财产，优先考虑在历史区域中的历史财产。另外，州政府机构为完成这些目标，对以前的政府规定进行修改，减少或者删除阻碍历史保护的条款。

（三）印第安纳州历史保护法

印第安纳州也建立对州拥有的或者已经在州或者国家登录上的历史遗址和建筑保护的特别程序。对这些财产，没有州历史保护审查委员会颁发同意许可，不能改动、拆除、移动其中一部分或者全部。还制定了印第安埋葬遗址处理法、州教育建筑的处置特别法等。在转移州所有权的财产时，如果该财产含有或者本身是历史财产，在转移时，通过合同或者保护地役权，对历史财产保留控制的权利。

第三节 州环境政策法

绝大部分州环境政策法是以《国家环境政策法》为范本制定的，有些州的环境政策法就是《国家环境政策法》的翻本，和《国家环境政策法》一样，都包含审查条款，都要求州政府部门（有些州包括地方政府）考虑自身行为对环境的影响，尽可能减轻因政府资助、许可的行为对环境造成的不利影响，为政策的决策者和公众提供可靠、有用的政府行为对环境影响的信息，以便公众参与，提高决策的准确性。

一、州环境政策法对历史保护的作用

州环境政策法界定，历史财产和资源也是环境的一部分。例如纽约州环境政策法规定，环境包括具有社区或者邻里特色、有历史或者审美价值的物品。《加利福利亚环境质量法》[the California Environmental Quality Act（CEQA）]规定，州政府部门要考虑自身的行为对环境的影响，包括对历史资源的影响。

因而，州政府部门（包括地方政府部门）在许可拆毁一个已经登录的历史财产时，必须按照州环境政策法的规定，评估对环境质量的影响。该规定同样适用于虽然没有登录，但是符合登录要求的建筑物，以及对历史区域的特色有重要影响或者该项目对历史区域的特色有恶劣影响的在历史区域里的非历史财产。例如阿拉斯加州环境法第46.40-210条规定，政府部门有义务保护阿拉斯加沿海区域的环境和文化资源，要考虑包括交通阻塞或者污染对历史资源的不可逆的严重影响。

与《国家环境政策法》不同的是，许多州的法律还对环境资源包括历史资源提供一定程度的实质性保护。《加利福利亚环境质量法》就要求州政府机构采取可行的减轻不利影响或可行的替代方案，避免对历史财产造成重大负面影响。纽约州也有相似的规定。《纽约州环境质量审查法》[New York State Environmental Quality Review Act (SEQRA)]要求州和地方政府，在环境影响评价报告中提出将环境影响降到最低程度的可行性方案。

这些州法律与《国家环境政策法》相比，具有可执行性。历史保护积极分子可以通过这些法律确保州政府机构充分考虑历史资源的保护。有些法律规定，政府机构在实施某一项目前，必须拿出没有危害历史资源的深思熟虑或者可行的替代方案。《明尼苏达州环境资源法》(Minnesota Environmental Resources Act，简称MERA)建立保护在本州的空气、水、土地免受污染、损害或破坏的民事赔偿制度。任何人（包括本州居民、州政府机构或执行机构、分支机构、任何在本州的公司、协会、组织及其成员、股东、合伙人、雇员等）都可以在地方法院提起污染、损害、破坏空气、水、土地或者其他自然资源的民事赔偿诉讼。自然资源包括历史资源。"污染、损害、破坏"包括任何人违反或者可能违反州或者州政府机构或者执行机关的任何环境质量标准、规章、命令、许可、执照、协议，实质性影响或者可能实质性影响环境的行为。如果原告提起诉讼，指控州政府机构有可能损坏或者拆毁历史资源；州政府机构必须出庭，提出相反证据或者提出证据证明已经考虑保护州最高利益——保护自然资源，但是为提高公共健康、安全和福利，没有可行的成熟的替代方案，只能实施被诉的行政行为。单纯的经济因素不能构成有效的抗辩理由。

有一些州的环境保护法律，还适用于地方政府，对于市政府的行为包括市政府规划的改变，如果可能对历史财产有潜在的影响，就需要进行环境审查。

二、州环境政策法的程序

州环境政策法的第一个条款往往宣告州环境政策，即立法目的。和《国家环境政策法》非常类似，例如把环境保护看作是当代人对下一代的环境信托，确保人民生活在安全、健康、发展、美好以及有文化氛围的愉悦环境中，保护重要的历史、文化、自然遗产等。立法目的要靠行政程序来实现。实施的措施就是环境影响报告（the environmental impact statement，简称EIS），分为4个程序：初步判断、撰写环境影响报告、完成环境影响报告、做出最终的政府机构决定。

1. 初步判断

州政府机构在计划某一项目或实施某一行为之前，要判断州环境政策法是否适用。有些州的法律明确规定某些政府行为不受州环境政策法的调整。例如加利福尼亚州和纽约州的法律规定，州环境政策法只适用于有自由裁量权的行政行为，对执行性行为不适用，例如仅仅按照确定的标准执行的行为或者客观措施，不用进行环境影响评估。行为的影响很轻微，州环境政策法也不适用。例如加利福尼亚州法律规定，对现存的设施进行修理、维护、少量修改，可以忽略不计或者没有扩展功能的使用，这些行为免于适用州环境政策法。而且大部分州规定，在灾害抢救或者紧急避险时的制止或者减轻灾害的行为，在州环境政策法调整范围之外。

州政府机构（有时也包括地方政府机构）在决定资助、审批或者其他重要行动之前，如果对历史资源有重大的危害，就必须及时对危害的程度和范围进行初步判断。对所提议的行为和项目进行初步调查，并向社会公开，邀请公众参与，必要时举行听证会，才可以做出判断。如果影响非常小，例如只是对建筑物的外立面进行微小的改动，就可以提交简明环境评估，阐述影响的程度以及影响很小的根据。如果影响很大，就要进入下一环节，起草环境影响报告。

2. 撰写环境影响报告

环境影响报告包括所提议的行为对环境影响的描述和分析（尤其执行时不可避免的影响）、所提议的行为的替代方案、减轻环境危害的措施等。

有很多州包括印第安纳州、华盛顿州、加利福尼亚州、纽约州等，要求政府机构考虑政府项目对环境的二次影响。例如在历史区域拆除一建筑物，不仅要评估现实的影响，还要评估对交通、基础设施（例如道路、下水道等）、周围的建筑风格、未来开发的影响。在 Polygon Corp. v. City of Seattle① 一案中，原告申请建造一栋13层的楼，但是政府部门在环境影响报告中认为，该楼的建造会遮挡视野、矮化周围建筑、增加交通阻塞和噪声，法院支持政府部门因为该理由拒绝颁发施工许可证。

替代性方案也很重要，但是必须可行。在 Foundation for San Francisco's Architectural Heritage V. City and County of San Francisco② 一案中，法院认为原告提议的购买作为替代方案是不可行的，驳回起诉。在 State of Minnesota by Powderly v. Erickson③ 一审中，法院要求开发商除非举证替代方案不可行，否则不能拆除历史建筑。最后禁止政府部门颁发拆除许可。

负责的政府部门起草环境影响报告后，要举行听证会，邀请涉及的其他行政部门以及公众提出建议。纽约州环境政策法特别规定，直接或间接影响地标的，州或者政府机构可以在任何时候要求召开公众听证会。

3. 完成环境影响报告和做出政府机构决定

听证会后，在环境影响报告中要对公众的意见做出明确的回应，这是司法审查时判断该行政决定是否合法的一个重要考虑因素。例如在 Foundation for San Francisco's Architectural Heritage V. City and County of San Francisco 一案中，法院支持政府部门的决定，理由之一就是：主要负责的政府机构进行独立的信息审查并对公众意见做出回应。

---

① Polygon Corp. V. City of Seattle, 578 P. 2d 1309 (Wash. 1978).

② Foundation for San Francisco's Architectural Heritage V. City and County of San Francisco, 165 Cal. Rptr. 401 (Cal. Ct. App. 1980).

③ State of Minnesota by Powderly v. Erickson, 285 N. W. 2d 84 (Minn. 1979), modified, 301 N. W. 2d 324 (Minn. 1981).

进行环境评估只是程序性要求，该程序为关注历史保护的各方提供一个协商的平台，为政府机构做出最终决定时，提供全面衡量该决定对环境是否有不利影响，寻找替代方案和采取减轻不利后果的机会。

第四节　州历史登录

州历史登录和国家历史登录一样是重要的政府政策规划工具，不仅保存州历史文化资源，而且防止政府行为对其破坏，例如加利福尼亚环境质量法，对在加利福尼亚州登录或者可能登录财产是否有影响是环境审查的内容之一。同时还可以筹措资金资助历史保护，实施其他激励措施。很多州有自己的州历史登录，与国家登录相比，在数量上有的州多，有的州少，虽然也是荣誉性的，但是有时候也是获得税收减免的依据。

一、州历史登录的标准

历史登录的标准一般由州法律规定，并且官方公布。州历史登录的范围非常广泛，在州历史、建筑、考古、工程、文化等方面有重要意义的历史区域、遗址、建筑、构筑物和其他物品都可以登录。

州历史登录的财产具有州或者地方历史意义。例如在加利福尼亚州登录的种类有建筑、遗址、构筑物、物品或者历史区域，要求有完整性，地方、州或者国家层面上有历史重要意义，符合以下一个或多个标准：①与对加利福尼亚州或美国的地方或区域历史或者文化遗产有重要影响的事件相关联；②与地方、加利福尼亚州、国家历史上重要名人的生活相关联；③体现建筑某一类型、时期，或者建造方法有鲜明特色，或者是艺术杰出代表，或者拥有较高的艺术价值；④含有或者可能含有地方、加利福尼亚州或者国家史前历史或历史上的重要信息。在伊利诺伊州，州历史登录的前提是必须有特殊的历史、建筑、考古、文化或者艺术价值。标准包括但不限于以下要求：①与历史上有突出贡献的名人事件或者生活相联系；②体现建筑某一类型、时期，或者建造方法有鲜明特色，或者是艺术杰出代表，或者拥有较高的艺术价值，或者虽然部分缺少鲜明特色，但整体上有重要意义和特色；③文化、经济、社会、历史遗产的典范；④含有或者可能含有史前历史或历史上的重要信息。

州登录的标准大部分以国家登录标准为依据，有些州甚至坚持这两种登录是一致的，向国家登录提名之前要在州登录。这种做法使州登录的水准和国家登录的标准保持一致，有利于重要财产置于州保护之中，减少重复性行政工作时间和工作量。例如，马里兰州规定所有已登录或者有资格在国家登录的财产必须收录在马里兰历史财产目录中。

二、州历史登录的程序

州历史登录有 4 个程序：普查、提名、个人或者组织申请、州政府机构编制目录。

1. 普查

虽然法律并没有明确规定普查是必须的，但是根据一些特殊法律指令，必须进行普查。例如,罗得岛州普通法第 42-45-5 条规定罗德岛历史保护和遗产委员会应该:对在州政府部门和机构管理或管辖下的所有具有历史价值、建筑价值或者考古价值的建筑、遗址、物品和工艺品分类并编制目录,包括建筑、遗址、构筑物、纪念物、绘画、照片、旗帜、家具、衣服、军用物品和军装、考古资料和所有具有历史价值、建筑价值和考古价值的其他物品。所有政府机构和部门应该协助委员会编制目录和分类。委员会应该通知目录中物品在其管理或管辖区内的政府部门和机构,并且向其提供这些物品分类目录的复印件,以便引起关注。

罗德岛委员会根据此授权,对全州进行普查。专业普查工作人员对具有历史和文化价值的信息进行详细记录,包括每个物品或者场所的物理性特征、状况及照片,并且对每一地区的发展历史进行简短的描述,目的是评估这些财产在历史发展中的价值。委员会在对州 39 个镇普查的基础上,出版了 60 本有关普查成果的书籍,每一财产普查文件都可以在历史和文化项目档案和博物馆分馆中查找和阅览。其他州,例如佛蒙特州,普查结束后,也有关于州历史的专著。

在普查中,参加的人员有:SHPO 的工作人员、专家顾问、经过认证的地方政府、执行州和联邦法律的州和联邦机构、社区协会、私有财产所有者。为保证普查的统一,要有编制目录或者普查过程的详细指导。例如马里兰历史协会出版了两本实用的小册子——马里兰建筑和历史调查标准和指南,以供专业普查员使用。佐治亚州自然资源部历史保护局出版历史资源普查手册,提供认定历史和文化财产的统一标准和实用方法。而且国家公园管理局的国家登录公报,也被称为地方普查指南,也具有指导性。

一些州的普查结果是向公众公开的,这就为大众接触这些信息提供了途径,确保最大可能地保护这些资源。例如,伊利诺伊州保护部开发和使用一套历史建筑和考古资源地理信息系统,公众可以查询近 78000 座建筑、构筑物、物品、遗址和历史区域的数据、扫描照片、背景资料。而且新数据不断增加,新数据库不但包括历史财产和历史区域的普查数据,而且制作这些财产地图,把这些历史财产放在同一个地图中,在空间中显示它们在地理信息中的关系。这些数字化信息包括街道、公路、郡县和市区的边界、街区、房屋、河流、火车线路、洪泛区、有可能的考古区等,还附有地形图和航拍照片。

2. 提名和申请

个人、组织包括社区群体、历史保护组织等都可以向州登录机构提名历史财产,申请予以登录。例如新墨西哥州规定,任何个人或组织向州文化财产登录办公室提名,要填写登录申请。伊利诺伊州也有相似规定。其行政法典第 4140 节第 10 条规定:任何人向州历史场所登录机构申请提名,提名申请的特殊程序和文件规定在州行政法典中。对历史财产的认识是一个逐渐深入的过程,任何人都可以申请提名,有助于扩大提名的范围,尽可能保护潜在的历史财产。

州政府部门对自己所有或管理的财产,如果符合州历史登录的标准,有责任进行普查、记录和提名。

3. 编制目录,进行登录

许多州通过在全州范围的普查,确定是否是历史和文化财产。一旦被认定为历史财产，就会授予"历史财产"的称号，编制目录，进行登记。一般州法律都会规定编制清单目录，确定责任人或者组织，维护历史财产登录。例如，在马里兰州，历史信托基金负责历史财产清单目录的编制。马里兰法典第838章第5节615款规定：(a) 基金会应该编制马里兰历史财产目录，该目录应该包括史前或者历史上著名或者有潜在价值的所有的历史街区、遗址、建筑、构筑物、物品，这些历史财产是对本州的考古、建筑、经济、文化有重要意义的地上物和水下物品。(b) 基金会应进行马里兰州历史财产登录，该登录应该包括在国家登录上已登录或者推荐登录的财产。基金会应当制定登录的程序和标准。(c) 由基金会主任决定是否登录，该决定由州政府历史咨询委员会进行行政复议，该复议决定是终局的。而在新墨西哥州法典第18-6-4款和第5款规定，文化财产审查委员会负责州历史登录的建立、运行和维护。委员会必须由以下人员组成：在州登录中心和档案馆工作的史学工作者；建筑史领域知名专业人士；历史领域的知名专业人士；建筑领域的知名专业人士；史前考古领域知名专业人士；历史考古领域知名专业人士；新墨西哥州的印第安人部落的成员；代表普通大众的本州居民。除了州史学工作者，其他成员由州长任命。许多州规定由州历史保护官员或者特定咨询委员会中建筑和考古专家、审查委员会负责登录，这和联邦行政法典第36编第31章的规定一致，按照国家公园管理局的要求对州历史保护项目进行登录。

为了防止登录信息被不法利用，有些州还规定了保密制度。例如马里兰法典第838章第5节615款（d）规定：如果基金会主任认为登录或者编制目录的历史财产地点和特征的任何相关信息被披露，可能会产生对其损害、盗窃、破坏的实质性危险，基金会主任可以决定对这些信息予以保密。

无论采用哪种方法和路径，最重要的是确保负责维护登录的工作人员或者组织有公认的专业知识，做出正确的决定。这些在州登录的历史财产都会向国家登录提名。

根据地方历史保护法律，地方机构也可认定地方历史地标。与国家登录不同，地方机构的认定会影响财产所有权人对历史财产的行为。

在这4个程序中，建立和实施州历史登录最重要的程序是普查和认定程序。普查是确定历史财产登录、执行州和联邦保护项目的基础。普查和认定的标准必须清楚、程序统一，要有专家参与。

第四章 地方历史保护法

在美国,州以下的行政区划是郡县、城市或乡村,在农村,还有镇这一级。这些行政单位统称地方政府(local government)或者市政府(municipal government)。这些地方权力机关制定的法律一般叫"ordinance",本书统一翻译为"法律"。

保护建筑遗产是一项公共政策,行政机构在建筑遗产保护实施中具有更大的优势。由于建筑遗产一旦破坏将无法弥补,因而行政机构在建筑遗产保护中要事前监督和事后处罚相结合。在对建筑遗产进行修缮、改动、拆毁之前,必须有行政机关的授权。地方政府承担保护历史遗产的主要责任,并且拥有依据地方法律约束个人对建筑影响的权力。一幢建筑即使已经在国家历史登录上登录,也不能保证它免于被拆除的可能性。虽然授予"国家地标"的称号,可以获得联邦资助和税收减免,但是如果房产的主人想拆除,登录只能延缓其拆除,州历史遗产保护法律也不能阻止此种行为。然而,地方政府有权控制土地的利用,可以制定区划,因而可以制定实质性和程序性标准对历史遗产进行保护,对其维修、改动、拆毁进行控制。现在,美国有2300个以上的地方政府制定了历史保护法。

第一节 美国地方历史保护法的合法性的条件

保护历史财产,就是保护历史文化,但是这不是历史保护法合法的唯一理由。要对建筑遗产认定,对历史地标的改动、拆除、重建等行为进行控制,要设立专门机构进行管理。这些是历史保护法的核心条款,但只有这些是远远不够的。在美国有司法审查制度,该制度的存在不仅对已制定的法律进行质疑,甚至宣告其无效;而且还有预警作用,立法者在制定法律之前,就要考虑如何有效。《历史保护法手册》[①] 一书中专门探讨如何制定地方历史保护法通过司法审查,避免被法院宣布无效。

1978年,美国联邦最高法院在 Penn Central Transportation Co. v. New York City 一案中提出,纽约历史保护法是一个"综合性规划",保护了城市中的历史建筑或者美学价值,因而是合法的。"综合性规划"是一个法律标准,在实际生活中,无法从政府机构购买到所谓的"综合性规划",因而有学者认为这是美国联邦最高法院编造的一个词。但是它对历史保护法的发展起到了重要作用。

一、调查和研究

在 Penn Central 一案中,美国联邦最高法院指出了调查和研究的重要作用。城市保

---

① David Bonoerman. Constitutional Law. in A handbook on historic preservation Law. The Conservation Foundation and The National Center for Preservation Law,1983,p. 343-374.

护的规划和开发目标成熟的关键是对历史建筑的调查。有了缜密的调查，才能对新的开发规划的影响进行评估，在考虑历史保护的情况下，做出成熟的规划决定。调查还有利于实施特殊的规划政策和激励措施，为早期项目规划提供信息，使审查更有效率。1980年《国家历史保护法》修正案对调查和编制目录非常重视。该法第202条（a）款规定，地方政府对有资格在国家登录的历史财产进行普查，各州应当对全州的历史财产编制目录，联邦资助的70%可用于州和地方的历史财产普查。

如果匆忙调查后就认定为地标，有可能得不到法院的支持，必须要符合一定的程序性要求，例如所有权人的同意。在 Texas Antiquities Committee v. Dallas Community College District[①]一案中，法院认为没有经过所有者同意就匆忙向国家登录申请，不能认为是善意的，最后同意对该建筑进行拆毁。

普查不可能一夜完成，需要花费时间收集资料，进行实地调查。如果潜在地标的所有权人得到消息就有可能申请拆毁许可。因而，地方政府在制定保护法律时，可以规定：在调查期间，暂停开发或者拆毁申请许可。暂停期限可以从6个月到2年。在 City of Dallas v. Crownrich 一案中，法院支持达拉斯市的规定，认为在制定保护规划期间，60天的开发暂停期间，对保护地标是必须的。

二、经济和技术支持

绝大多数的地方历史保护法都是对被认定为地标的建筑的开发和拆毁进行控制，规定地标的所有权人可以做什么，不能做什么。对地标所有者的行为控制往往导致合宪性问题。第一，政府的行为是不是属于"征收"？第二，是不是违反了"平等原则"？

为了弥补历史遗产的所有权人的损失，减轻经济负担，避免因给所有权人的负担太重而造成"征收"的后果。在经济上，可以制定激励措施，例如减税、保护地役权、开发转移权等。前两个在第一章已经介绍，现在主要介绍开发转移权。

由于要保护历史区域的特色，因而对区域的开发进行限制。开发转移权（transfer of development rights）是指：在地标土地上的未使用的开发权利，可以转移到其他土地上使用。例如，一个地标只有4层高，有4万平方英尺（1平方英尺＝0.0929平方米）的面积。但是根据区划，可以盖40层，10万平方英尺的高楼，地标的主人可以转移或者出售其享有的开发权，在其他土地上使用。虽然并不适用任何地方，但是在大城市，面临高层空间开发的压力时，开发权转移是一个有效的激励措施。在不同的城市，开发商获得开发转移权后，允许增加的开发密度各有不同。例如纽约区划法典规定某一块土地上未使用的开发权可以转移到在地标附近或者街对面的土地上。接受者必须是地标的所有权人，获得批准同意转移后，增加的开发密度一般不超过20%。路易斯安那州的新奥尔良市规定，城市理事会颁发开发权转移的许可，所有权人必须对地标进行翻新和维护。获得开发转移权的土地，增加的面积不超过10%。丹佛市规定只有在市中心的地标的所有权人享有开发权转移。获得开发转移权的土地，增加的开发密度允许达到25%。在转移之前，必须对地标进行修缮。所有权人享有的开发权转移可以出售。

---

① Texas Antiquities Committee v. Dallas Community College District 554 S. W. 2d 924 (1977).

开发转移权就是允许建筑遗产的所有权人保留在区域内开发的权利，在其他区域使用。例如在历史区域不允许盖 6 层以上的高楼，但是周边区域允许盖 10 层，4 层开发的权利就可以在其他区域使用。这就把历史区域的开发压力转移到其他区域，建筑遗产的所有权人可以把开发转移权卖给开发商，也可以使用开发转移权在其他区域建造高层建筑。例如纽约市规定，允许地标所有者转移地标上的高层空间开发的权利给其他建设项目。在 Penn Central 一案中，美国联邦最高法院认为：纽约地方法院在该案审理中，已经确认开发转移权是有价值的。如果，该权利不能公正补偿所有者的损失，政府的行为构成"征收"。但是开发转移权减轻了上诉人的经济负担，纽约市在制定历史保护法时就考虑到该法的影响。可以说，开发转移权的规定是美国联邦最高法院认定纽约地标保护法合宪性的一个主要的考量。

除了开发转移权，其他地方还制定了减免税收、保护地役权等激励措施。

除了激励措施外，技术上的支持也是非常重要的。无知是历史保护的敌人。为了保护原状，在修缮中提供技术指导。例如，西雅图和辛辛那提建立专门政府机构，对所有者和开发商在对地标建筑修复时提出建议。巴尔的摩建立了一个"古建材料收集站"，为了历史建筑的修缮，收集和出售很难获得的装饰材料，例如橡木门、铜把手等。

经济激励和技术支持不仅有利于保护建筑遗产，而且也降低了地方历史保护法受到司法审查时，被认定违宪而无效的可能。

三、法律之间的协调

历史保护不能只是保护单个建筑，需要与地标周围环境相协调。城市行政管理复杂，必然要求不同部门在某一领域实施专业管理，而建筑遗产的保护涉及的管理领域较多，如果保护只是历史保护机构的事情，虽然严格控制对建筑遗产的改动、拆毁，但是城市开发政策可能鼓励建造高层建筑，地标失去原有环境的映衬，变成孤立的老式建筑，损害其文化价值和美学价值。所以，地方历史保护的法律要与保护相关的其他因素例如城市规划、地区发展目标相协调。

1. 城乡规划与历史保护相协调

地方规划法的制定早于历史保护法，保护建筑遗产的措施可以通过调整土地利用的方法实现，例如设立历史保护区。为了保护历史区域的特色，对单个建筑的高度、体量、规模等进行限制，历史保护法与规划法在调整范围有重合，就需要这两部法之间相互配合，避免因相互冲突导致历史保护有遗漏。

如果城市规划和历史保护同步，就可降低对地标的改动或者拆除的压力。否则会导致历史保护成为真空状态。一方面历史保护法禁止改动，另一方面规划法刺激地标所有权人拆除地标，获得更多的眼前利益。

例如芝加哥历史保护委员会认定在芦浦商业区的 19 世纪早期的摩天大厦有建筑历史意义。但是根据区划法规，这一区域可以建造新的高层商业楼。开发商为逐利纷纷申请拆除地标建筑。城市理事会意识到区划法规和历史保护法应该协同，减轻商业区的历史保护压力，便规定该区域是"低层建筑区"，减小新建建筑物的体量，避免两法之间的冲突。

美国有司法审查制度，把历史保护政策融入规划中，可以满足美国联邦最高法院提出的"综合性规划"的要求。在 A-S-P Associates v. City of Raleigh 一案中，北卡罗来纳高等法院认为：有证据证明，在制定"橡树法规"之前，为保护公共利益，已经对该区域包括历史区域进行调查研究和规划，也充分考虑了实施区划的潜在影响。综合性规划包含对历史保护的考虑，法院会认为，行政行为没有任意性和缺乏理性，因而予以支持。

2. 建筑规范等相关法规与历史保护相协调

为了公共健康和安全，一般对建筑物的安全、质量、功能等设立基本标准，包括防火规范、建筑空间规范、住房标准等，这是建筑设计和施工遵循的基本要求。由于这些建筑规范往往制定时间晚于地标建筑，因而在对地标进行维修时，保持建筑原状和新建筑规范的要求就会有冲突。例如在修缮地标时，该建筑的门是向内开的，但为了在火灾中迅速逃生，建筑规范要求门向外开；该建筑的楼梯只有 2 英尺宽，而为了安全需要，建筑规范规定的楼梯宽度大于 2 英尺。怎么解决这个矛盾？其办法是在保障公共安全的前提下，制定历史建筑的特殊规范。例如，1976 年，美国国家历史保护信托基金会、美国建筑师协会、国际建筑官员与规范管理人员协会（Building Officials and Code Administrators International，简称 BOCA）对 47 个州进行调查，其中 16 个州对历史建筑的维修制定了特殊规范，24 个城市中的 15 个城市也对历史建筑采用了特殊规则。国际建筑官员与规范管理人员协会修改《标准建筑规范》（Basic Buildings Code）。本规范关于建筑的建造、修缮、改动、扩大、重修和移动的规定对已经被州或者地方认定的历史建筑不具有强制效力，如果建筑管理官员判定该建筑是安全的，所申请的建造、修缮、改动、扩大、重修和移动的工程符合防火要求，符合公共利益，在申请中附有职业建筑师和工程师的设计规划和说明，并加盖设计者的专业签章，上诉委员会应当同意。

除了建筑规范，视野保护法也有利于保护建筑遗产。该法确保在历史财产周围进行开发时，要保护标志性建筑或其他可视性地标的视野不被遮蔽。

第二节 美国地方历史保护法的一般内容

由于地方的"自治权"不同，所以各州授权地方制定保护法的具体内容不同，每个社区支持保护的程度也不同。这些规章千差万别，但是由于有司法审查，在美国宪法"征收条款""正当程序条款"和《行政程序法》相关条款的制约下，在结构上一般有相似之处。它们一般包括 10 个部分：①法律的目的；②行政权力的说明；③成立历史保护委员会；④授予历史地标或历史区域的标准；⑤提名和授予地标的程序；⑥历史保护委员会可审议的行为类型和法律后果；⑦历史保护委员会颁发许可证的标准；⑧授予地标或审议后的对所有权人的经济影响；⑨对历史保护委员会决定的上诉程序；⑩对违反规章的罚款和处罚。

一、法律的目的

地方保护建筑遗产的法律必须把制定法律的目的清楚地列示出来，目的条款回答

"为什么保护"的问题，解决该法的合法性问题，对历史保护委员会和其他机构是行政指导，也是法院对历史保护咨询委员会的决定进行司法审查，判断合理性的一个标准。例如，在 Groch v. City of Berkeley 一案中，原告认为地方历史保护法是模糊的，因为没有对委员会审议决定是否拆毁的申请给出标准。但是法院否定这一抗辩理由。法院认为目的条款对委员会的决定给出了清楚明确的标准。

（一）威斯康星州的麦迪逊市的历史保护法律的目的条款

威斯康星州的麦迪逊市的历史保护法律的目的条款就具有典型性。该法规定：

保护、修缮、永久使用具有特殊个性或者特别历史价值的不动产是必要的公共政策，也是人民的健康、繁荣、安全和福祉利益的需要。本节规定本法的目的是：

（1）加强、完善、保护、永久使用代表或者反映本市文化、社会、经济、政治和建筑历史特色的遗产或者历史社区；

（2）保护城市历史和文化遗址，例如城市地标和历史区域；

（3）稳定和提高房地产价值；

（4）提升公民对美好、高雅的作品的自豪感；

（5）维持和提高城市对居民、游客、参观者的吸引力，促进和刺激商业和工业的发展；

（6）增强城市的经济活力；

（7）为了人民的教育、娱乐、福祉，提高历史区域和城市地标的利用。

（二）得克萨斯州圣安东尼奥市的历史保护法的目的条款

得克萨斯州圣安东尼奥市的历史保护法的目的条款，虽然用语不同，但也反映保护建筑遗产的意义。其目的条款规定：

本市政务委员会认为圣安东尼奥市是国际知名城市，是新大陆各种文化汇集的代表，以美丽、友善、历史悠久而闻名遐迩。一些人因为商业原因来圣安东尼奥市旅游或停留，越来越多的人因为圣安东尼奥市的美丽以及具有教育意义和历史意义的独特个性来到本市。但是具有历史意义的区域正在被低劣的维修和建造、改动所威胁，与历史保护相去甚远。失败的设计，与历史区域外观不协调的建筑的矗立，以及对构筑物、景观、标记和整体外观的不合适的施工和维修，影响这个区域和临近区域的居住、商业或其他的吸引力，损害现存财产的利益，降低不动产价值，阻碍该区域的保护和发展。以上行为影响本市居民的健康、安全、舒适以及整体福利，破坏房地产税收价值和市政服务支付的关系。本法目的是保护公共利益，保护这些具有历史意义不可替代的区域，制止上述以及其他不良影响的发生，提高和保护社区的健康、安全、舒适和全体福利，促进繁荣，保护建筑物的价值，鼓励对本市历史不动产最适合的利用。

（三）得克萨斯州的达拉斯市的历史保护法目的条款

有些城市的建筑遗产法律把同样的事情用"而且"条款（"whereas" section）规定，例如，得克萨斯州的达拉斯市的历史保护法律规定：

得克萨斯州立法机构已经认识到保护具有历史和文化意义的区域的重要性，授权各个市制定保护这些区域的法律；而且城市政务委员会意识到达拉斯是本州最大的城市，是得克萨斯州历史、文化、建筑发展的聚集中心；而且在达拉斯，有很多具有历史、考古、文化价值的区域、建筑、构筑物、艺术作品和其他物品，它们是该市的宝贵遗产；而且人口的快速增长、经济影响、土地的开发等已经不断威胁这些宝贵遗产，一旦它们被摧毁或破坏，它们独一无二的价值将会丧失殆尽；而且保护达拉斯的文化和遗产对公民的启蒙是有益的；而且保护地标体现的城市的个性，可以增加商业活力、繁荣经济。

（四）加利福尼亚的克莱尔蒙特历史保护法律立法目的

有些历史保护法律的目的条款很简单。例如，加利福尼亚的克莱尔蒙特市的历史保护法规定：

本法的目的是保护在历史区域的历史财产和不同寻常的特色，鼓励保护现有完美的建筑，在未来的城市开发中要有弹性和多样性。为了保护历史区域外观的同一性，禁止不协调的使用，在历史区域外的使用应该与历史区域相协调。目的就是促进生活环境的提高，制止建造大量不协调的建筑和对土地或房地产的使用。

二、成立历史保护委员会

历史保护委员会是地方政府下属的一个行政机构，它的成员由市长或立法机构任命，由对历史保护有兴趣或者与历史保护相关领域的专家组成。一般实施投票制，多数表决，它有对历史财产认定和对历史财产的施工的审查权力。虽然州法律对历史保护委员会以及程序有规定，但是有些地方历史保护法的规定更为详细。

历史保护委员会一般5～9人，奇数可以避免出现投票平局的情况。期限一般3～5年，任期不同，可以保证委员会中有经验丰富的专家。为了保证某些专业人士进入委员会，有些地方法律规定专业组织提名制度。例如，路易斯安那州新奥尔良成立Vieux Carré历史区域，其法律规定历史保护委员会的成员由市长从以下提名中任命：路易斯安那历史协会（the Louisiana Historical Society）提名2名（市长从中选任1人），路易斯安那州博物馆（the Louisiana State Museum）馆长提名2人（市长从中选任1人），市商业协会（the Association of Commerce of the city）提名2人（市长从中选任1人），美国建筑协会新奥尔良分会（the New Orleans Chapter of the American Institute of Architects）提名6名建筑师（市长从中选任3人），其他3人由市长决定。而肯塔基州路易斯维尔市规定所有委员会的成员必须对历史保护有兴趣，市长任命的人员中必须至少1名是建筑师、1名在历史保护中能胜任的历史学家、1名有资格证的不动产经纪人和1名律师。

由于建筑遗产是不动产，涉及土地的利用，因而历史保护委员会与规划委员会或者区划理事会的关系就非常重要。有些州由于州执行法没有规定历史保护咨询委员会的行政审议权，但对规划委员会或区划理事会的行政审议权有规定，因而地方历史保护法是以区划实施法为基础的，历史保护委员会的责任是与规划委员会或区划理事会共同完成。例如，伊利诺伊州韦恩市，对位于历史区域里的房产修缮或拆毁的申请审议时，韦恩历史遗址委员会（the Wayne Historic Sites Commission）仅仅向规划委员会提出建议，也就是说，历史遗址委员会是规划委员会的特殊专业机构，是否颁发"适当证书"由规划委员会决定。

而有些地方历史保护委员会是通过吸纳规划委员会或区划委员会的成员加强与它们的联系。例如，弗吉尼亚州的亚历山大市规划委员会选举其中成员之一在历史保护委员会工作。这些从规划委员会或区划委员会中选任到历史保护咨询委员会工作的人员，不同地方法律规定的权限不同，有的规定规划委员会的负责人就是历史保护咨询委员会的成员，而有些地方法律规定这些人员没有投票权，有些地方法律则规定他们和其他历史保护咨询委员会的成员有一样的责任和权力。

俄亥俄州的克利夫兰规定，当准备设立一个地标或地标区域（landmark district）时，地标委员会应该获得城市规划委员会意见。该意见包括和综合城市规划的关系，所提议设立的地标对周围环境以及其他规划的影响，并提出赞同、反对或者修改的建议。该意见作为官方文件的一部分由地标委员会提交城市理事会。地标委员会如果认为城市规划委员会的意见合理，可以对设立地标的建议做出修改。

三、地方历史保护委员会的行政权力

地方历史保护委员会的权力范围是由各州法律赋予的，各州授予的权限的规定也不一样。有些州的法律规定得具体详细，如伊利诺伊州；而有些州规定得简单模糊，如加利福尼亚州。

根据授权，地方历史保护法律规定地方政府和历史保护委员会的具体权力。例如，伊利诺伊州的罗克福德市历史保护法律规定，根据州法律和程序法，罗克福德历史保护委员会有以下权力和职责：

（1）根据本法接受符合法律规定的礼物、馈赠和金钱。这些金钱只能用于出版地图和宣传、雇用工作人员或者顾问、执行符合法律规定的其他事项；

（2）为了确定历史意义，对罗克福德市的建筑、地方、区域进行普查；

（3）向市政理事会提名，授权符合本法规定的建筑为地标；

（4）向市政理事会提名，授权符合本法规定的区域为历史场所；

（5）建立地标或历史场所的登录体系；

（6）准备和出版关于罗克福德地标和历史场所的地图、宣传手册和其他描述性资料；

（7）与和历史保护、建筑维修、建筑更新相关的人员、组织、公司、基金会和公共机构密切合作，并公布名单；

（8）对地标或有历史意义构筑物的所有权人在保护、维修、更新和重新利用时，给予物质的和财政方面的建议和帮助；

（9）审查和批准"适当证书"的申请，对申请适当证书的申请人，可以要求其提供建筑设计平面图、建筑草图、建筑设计立面图以及其他资料；

（10）根据1945年行政审议法案第110章第264条，制定并公布历史保护委员会会议章程；

（11）根据本法规定的程序，在为公共利益征收私人财产时，向市政理事会提出建议；

（12）为了本法获得内务部的认证，与伊利诺伊州保护部的保护服务办公室和美国

内务部部长一起，论证本法规定的历史建筑是否符合"1976税收改革法案"的规定；

（13）委员会作为保护地标或历史区域的公共利益的监管者，为保护它们而提起诉讼，在此类诉讼中，法院可以在自由裁量权内，确定被告支付原告的律师费用的比例；

（14）委员会推荐并认证历史保护组织，该组织以历史保护为目标，在历史财产中拥有产权或者其他的利益。

不同类型的地方政府机构为保护历史地标和历史街区所获得的权限不一样。例如，伊利诺伊州授权市级权力机构可以创立历史保护委员会和制定保护法规，但是郡县级权力机构没有这样的权力。

四、授予地标和历史区域的标准、提名程序

1. 授予地标和历史区域的标准

Penn Central 案件以后，对地方历史保护法的司法审查主要集中在授予地标和拆毁、改动或新建的申请审查的标准和程序。

有一些地方比较小，只有一个历史区域或零散几个地标建筑，因而法律直接规定授予历史区域或地标的建筑以及历史保护委员会的责任。但是大部分地方法律都规定授予地标或历史区域称号的标准。例如，芝加哥地标法规定，历史保护咨询委员会在提名是否授予地标或历史区域时，应考虑以下因素：

（1）它的特色、利益或价值是芝加哥市、伊利诺伊州或者美国发展、遗产或文化的一部分；

（2）历史重大事件的发生地；

（3）与芝加哥文化和发展做出重要贡献的名人相联系；

（4）芝加哥的文化、经济、社会或历史遗址的典范；

（5）有鲜明的建筑特色，反映某一段历史中一部分人的生活环境；

（6）反映某一种建筑风格或类型的特点；

（7）影响芝加哥市发展的建筑师或重要建筑商的代表作；

（8）代表重要建筑创新的建筑设计、细节、材料或者工艺；

（9）根据规划，基于历史、文化或者建筑的原因，与其他特色明显的区域有联系，有进行保护的价值；

（10）独特地域或者独一无二地代表临近街坊、社区或者芝加哥市的熟悉的外观。

许多地方的基本标准和芝加哥市非常相似，只不过增加一些其他授予标准。

如果标准非常具体，就有可能把一些具有保护价值的建筑排除在外。但是如果用语模糊，就有可能被认为违宪而无效。在 Hanna v. City of Chicago[①] 一案中，法院支持历史财产所有权人的主张，判定"有意义""有价值"这类词语模糊、模棱两可。为了解决具体和模糊之间的冲突，明尼苏达州高等法院在 Handicraft Block Ltd. Partnership v. City of Minneapolis 一案中，提出要判断标准是否具体，需要历史委员会对历史遗产进行调查。标准不仅应是认定的目标，而且应该是认定要考虑的具体到每个建筑的情

---

① Hanna v. City of Chicago，907 N. E. . 2d 390 (Ill. App. 2009)．

况，如历史财产的使用、历史、所有权人等。法院要判断标准是否模糊，就要从收集的证据中发现是否有实质性资料能够证明标准已经具体化。

2. 提名和授予地标称号

虽然在认定标准上差异不大，但是提名和认定程序各有不同，而且地方行政机关和选举产生的立法机关，在认定地标或者建筑遗产上的分权也不一样。有些地方是由立法机关决定的，例如罗利市（Raleigh），提名是由城市规划部门推荐，认定是由地方立法机关（城市理事会）决定。在华盛顿特区，历史保护审查委员会根据法律规定的标准进行认定，和特区理事会没有关系。在纽约市，地标委员会提名，最后由城市理事会决定。在芝加哥，地标委员会推荐，城市理事会认定，但是如果推荐一年后，城市理事会还没有认定，对历史财产的认定自动生效。

（1）提名限制

谁有提名权是一个重要的问题。有些地方，历史保护法律允许任何人提名，但是大多数地方法律限制提名权，只有历史保护委员会成员、城市理事会成员或者房产所有权人有提名权。例如印第安纳州的南湾市（the South Bend）历史保护法律规定，城市理事会成员、提名的历史区域或地标50%或以上的财产所有者签名同意或者规划委员会成员可以提名。密苏里州圣路易斯规定，建议授予称号的历史区域绝大多数财产所有者同意提名或者代表这个区的市议员有权提名。科罗拉多州博尔德市增加对历史保护有兴趣而且被公众认可的组织有提名权。在波士顿，市长、10名有注册选举权的市民、历史保护委员会的任何成员都有提名权。

（2）所有权人的同意

美国宪法和各州宪法都没有规定在授予地标称号之前，需要所有权人同意。在1980年《国家历史保护法》修正案中，第一次规定在国家登录之前，必须取得所有权人的同意。该法的修改也影响到地方法律。例如，康涅狄格州规定授予历史区域称号之前，需要这个区域75%的所有权人同意；亚拉巴马州规定60%的财产所有权人书面形式同意，只限于人口135000到185000的城市。但是通常获取50%以上的所有权人同意是困难的，例如，1962—1975年，康涅狄格州17个城镇的21个历史街区由于没有足够的所有权人同意，没有授予历史区域称号。

然而，所有权人同意是与土地利用和规划原则相违背的。虽然正当程序要求在建议授予称号之前应当通知所有权人并且听取所有权人的意见，但这并不意味着重新规划影响到土地的利用许可、开发的密度、建筑的高度等问题时必须经过所有权人同意，需要所有权人的同意也影响其他人的平等权利。因而有800多个地方法律规定历史保护咨询委员会应当考虑所有权人的意见，而不是取得所有权人的同意。

（3）普查是提名和认定的基础

许多地方历史保护法授权历史保护委员会为发现潜在的地标建筑和历史区域，对社区进行勘察，甚至一些地方法律要求在授予称号之前，必须进行勘察。在 The Penn Central 案件中，联邦最高法院强调，由于纽约市有综合性规划，为确定潜在的地标并授予称号，进行勘察，这对所有潜在地标的所有权人平等保护、平等承担义务是很关键的。如果历史保护咨询委员会没有对社区的很多建筑遗产进行勘察或有勘察的计划就授予某一建筑地标称号，这个行为可能被认为是任意和武断的，是违反宪法的。

伊利诺伊州的盖尔斯堡历史保护法规定："历史保护咨询委员会应对盖尔斯堡市的建筑和构筑物进行勘察、进行分类。该分类有三种：有历史意义的；有建筑价值意义的；没有价值的（建筑、构筑物或者物品没有历史和建筑意义）。并标注在历史建筑地图上，该地图经城市委员会审查后，是官方地图的一部分。"

有些地方指定专门技术组织承担初始调查和筛查。芝加哥历史和建筑地标委员会授权咨询委员会进行调查，寻找潜在的地标和历史区域，并编制目录。

五、需要历史保护委员会审议的行为

地方历史保护法的核心条款是历史保护委员会有权对影响地标和历史区域的行为进行审查。因而，每个地方历史保护法都要回答两个问题：什么样的行为需要审查，这些行为如何界定？历史保护咨询委员会的审查范围是什么？

（一）需要审查的行为

一般都要在历史保护法中清楚地界定需要审查的行为，否则会因违反《行政程序法》的规定而无效。

1. 影响建筑物外观的行为

对什么样的行为需要审查，大部分地方法律规定建筑物外观的改变需要施工许可。对外观的理解，各个地方不同。有些地方规定外观是从公共场所角度看到的建筑物的外观，这意味着建筑物后面的增加或变动是不受审查的。密苏里州的莱博提（Liberty, Missouri），是离堪萨斯市 20 英里远的一个 17000 人的小镇。莱博提历史保护法规定，只有对建筑外观有影响时，历史保护咨询委员会才审查该行为。对建筑外观的定义是：一个建筑的建筑特色和外在总体印象，包括但不限于建筑材料的种类、颜色、质地以及窗户、门、灯和其他附属物的类型、外观设计、特色等。不同的建筑外观特色不一样，因而莱博提历史保护法规定历史保护委员会详细描述并列出地标或历史区域的建筑外观特色。而有些地方法律规定内部的改动也需要审查，或者至少内部的变动影响到有意义的建筑物内部特色，而这一特色构成地标的历史或建筑意义的一部分。

2. 对已授予称号的地标或历史区域建筑的改动、移动、拆毁等行为

改动是指对建筑的外在建筑特征的改变，包括但不限于任何建筑的建造、重新建造、移动等。拆毁是指对地标或历史区域的建筑一部分或全部的破坏行为或过程。移动是指把某一建筑从坐落地移到另一区域的行为。在实施上述行为时都需要施工许可申请，是确保历史保护委员会对上述行为进行行政审查的通行方法。一般要求向建筑部门提交建筑许可申请，历史保护咨询委员会进行审查后颁发适当许可。例如，纽约市地标法规定："任何地标、坐落在历史区域的建筑群、建筑或者包含内部地标的建筑的负责人进行改动、重建、损毁的行为都是不合法的，除非之前获得委员会颁发的受保护的建筑特色没有影响许可证或施工方获批适当开工执照或授权继续该工程的通知。"

3. 建造行为

建造是指在已存在的建筑物上增加新部分或者在财产中建立一新主体结构或附属物。对于在历史区域中建造新建筑物，有些地方法律不允许，有些地方法律允许，但是

要审查是否与周围的历史环境相协调。例如，弗吉尼亚州的劳登郡的区划法律①规定："委员会在审查历史区域的建造申请时，要考虑是否和这个历史区域的建筑物、构筑物或者地标在建筑特色上协调，要考虑以下因素：建筑的外层特色，包括所有标志；总体设计、体量、布局；材质和材料；建筑物、构筑物之间的关系；创建历史区域的目的；任何新建或者重修的建筑在大小、设计、选址和历史区域景观的关系。"

4. 其他行为

对于一些特殊区域，例如，历史区域中的商业区，在审查时就需要考虑一些特殊问题。例如，商业区的广告标志。例如，伊利诺伊州的维恩历史保护法律②就有关于广告标志的条款。在历史保护区不允许竖立广告标志。但是该区域既是历史保护区又被认定为住宅区，根据住宅区法和本条款，允许保留标志。既是历史保护区又是商业区，可以竖立新的商业广告标志或者扩大现有标志，但是需要符合区划的要求，大小、形状和特点要符合历史保护区的特色，在签发"适当证书"时，根据适合标准，考虑建筑特色和美学价值。历史遗址委员会进行审查，并就历史保护区广告标志的大小、形状和特点的效果向规划委员会和乡村董事会汇报。

（二）审查范围和权限

历史保护委员会需要审查的范围，不同的地方规定不同。有些地方规定移动建筑物的微小部分，例如建筑上的装饰回纹、门和窗户的踢脚线、门廊栏杆或者安装墙板上的铝合金边线等不需要委员会许可。有些地方比较看重历史区域的外观颜色，但是涂色并不需要许可。

在 The Penn Central 案之前，历史保护咨询委员会的审查权限有限，只能推迟而不能拒绝颁发适当证书。推迟的目的是历史保护咨询委员会和财产的所有权人能够协商，解决分歧。历史保护咨询委员会有机会引导财产所有者在改动、修缮、建造的方式上和法律规定一致。推迟的期限各个地方规定不同。密苏里州的堪萨斯市、加利福利亚州的旧金山规定推迟期限是 18 个月，新泽西州的特伦敦、俄亥俄州的特里弗兰规定的是 6 个月。有些地方审查，颁发许可分为两种：修缮或新建的许可；拆毁许可。历史保护咨询委员会、规划委员会或者城市理事会可以根据自由裁量权拒绝颁发修缮或新建许可，但是拆毁许可只能依据法律推迟。例如得克萨斯州的达拉斯法律规定，任何地方的拆毁延迟期限为 90~240 天。

The Penn Central 案中，联邦最高法院支持纽约市对纽约地标严格的保护，历史保护咨询委员会的审查权限较大，如果财产的所有者不符合审查要求，就不能获得适当证书，不能在地标或历史区域进行任何工程建设。越来越多的地方法律像纽约市一样，给历史保护委员会绝对的权威，依据审查标准，决定是否颁发或拒绝颁发适当证书。如果对上述行为不服，可以向城市理事会申请复议，但是复议是终局的。

---

① Loudoun County, Virginia, Zon-ing Ordinance, Section 750.11.
② Wayne, Illinois, Zoning Ordinance, Section Ⅸ. B. 3.

六、历史保护委员会颁发许可证的标准

历史保护委员会有权对"适当证书"的申请进行审查。绝大多数法律规定,历史财产的所有者在对财产改动、拆毁、移动或者建造附加物、新建等之前,必须向历史保护委员会申请许可,召开公众听证会,根据历史保护法规定的标准对历史财产的申请的改动进行评价。委员会签发正式决定。在决定中,决定依据的事实、适用的法律、做出的决定等都必须标明。许可的形式就是颁发"适当证书"或"许可证书"。日常维护如修理开裂的篱笆、更换屋顶的个别瓦片,不需要经过委员会审查。

对建筑物拆毁的控制范围,每个地方都不一样。有些地方法律规定只有在财产所有者有经济困难或者在火灾或其他自然灾害后有安全隐患时才可以拆除。有些地方规定,财产的所有者可以拆毁历史财产,但是要在一段特殊的等待期之后。在这段时间,市或者镇政府与民间保护组织一起,探讨拯救该建筑的替代性方案。有些地方允许拆除的前提是将来新建建筑物符合要求,包括设计、资金、与其他历史建筑的和谐度等。

每个地方的历史保护法都规定历史保护咨询委员会在审查变动、新建、拆毁、移动等行为申请时的标准。该标准可以分为两类:一类是普遍标准,适用于所有的地标和在历史区域的所有房产;另一类是特殊标准,适用于特殊建筑风格建筑、特殊结构或特殊地标或区域。

(一)普遍标准

普遍标准最典型的是内务部颁布的内务部修缮标准。该标准符合历史保护的原则和目的,被越来越多的地方历史保护法采纳。

(1)合理使用标准:尽可能少地改动建筑、结构、遗址和周围环境,按照其原来的设计目的使用。

(2)保持特色标准:不能破坏建筑、结构、遗址、周围环境的独特的原始风貌或特征。尽量避免任何建筑材料或独特建筑特征的移动或改变。

(3)保持时代风貌标准:所有的建筑、结构、遗址都是它们那个时代的产物,不应该没有历史基础地改动和要求创造更早的特色。

(4)尊重变化的标准:在历史长河中,建筑、结构、遗址和周围环境都在发展变化。这些变化有它自身的意义,应当认可和尊重。

(5)对建筑、结构或遗址上具有鲜明风格或熟练工艺品的典范应该高度敏感。

(6)损坏的建筑风貌尽可能去修缮而不是替换。在必须替换时,新的材料应当和被替换的材料在构图、设计、颜色、质地和其他外观上相符。修理或替换建筑上已经缺失的部分,应当依据复制模型、历史实物或图片等实体证据,而不是根据设计图纸、其他建筑或构筑物不同的建筑元素来推测。

(7)建筑结构表面的清理应该尽可能采用轻柔的方式,避免采用喷砂和其他对建筑材料产生损害的方法。

(8)合理保护和保存任何可能影响的或邻近的考古资源。

(9)如果对现存建筑的改动和添附,没有破坏历史的、建筑的或文化的有意义部

分，而且该设计与建筑、社区、环境的大小、体量、颜色、材料、特征相符合，这种改动和添附的设计是允许的。

（10）新的增加或改动尽可能在以后可以消除，建筑结构的基本形式和完整性没有遭到破坏。

地方历史保护法还规定其他的普遍标准。例如，纽约州的罗切斯特市历史保护法规定视觉效果标准：

移动、重新建造、实质改动或修理新的和现存的建筑、构筑物和附属物时，从以下几个因素考虑视觉效果：

（1）高度：所申请的建筑和构筑物的高度应和邻近建筑从视觉上是和谐的。

（2）正立面的比例：建筑正立面的高度以及宽度与可以看见的周围建筑、公共路道、公共空间在视觉上是协调的。

（3）视觉空间的比例：从建筑视觉来看，窗户的宽度和高度的比例，与建筑、公共路道、公共空间在视觉上是协调的。

（4）正立面的墙和窗的比例：建筑正立面的墙和窗的比例与在公共空间可以看见的周围建筑、公共路道、公共空间在视觉上是协调的。

（5）街道上建筑和空间的比例：建筑或构筑物与相邻的建筑空间之间的比例与可以看见的周围建筑、公共路道、公共空间在视觉上是协调的。

（6）门廊入口和其他连接人行道的工程的比例：门廊入口和其他连接人行道的工程的比例与周围建筑、公共路道、公共空间在视觉上是协调的。

（7）材料、材质和颜色的关系：建筑正立面的材料、材质和颜色与周围建筑、公共路道、公共空间在视觉上是协调的。

（8）房顶的形状：建筑房顶的形状应该和建筑在视觉上是协调的。

（9）墙的连续性：如果已经构成区域特色，沿街形成封闭墙体，建筑的正立面和附属物如墙、栅栏、景观装饰与周围建筑、公共路道、公共空间在视觉上是协调的。

（10）建筑的体量：建筑和构筑物的大小和规模以及开放空间、窗户、门的开口、长廊、阳台，与周围建筑、公共路道、公共空间在视觉上是协调的。

（11）前立面图的方向性：无论是垂直的还是平面的，或是无方向的特征，一个建筑应当在方向性特征方面与周围建筑、公共路道、公共空间在视觉上是协调的。

（二）特殊标准

许多历史区域并没有一个统一的建筑风格，它们是不同时代的建筑和风格的大杂烩。这时候就需要设定特殊的审查标准。历史保护法就要界定认定为历史区域或者地标的历史特征是什么，制定保护历史特征的设计准则。

内布拉斯加州的林肯市历史保护法①对 Mount Emerald Landmark District 规定特殊的设计准则。该准则对每一个建筑元素的特征进行描述，将影响特征的行为分为以下几类：必须的、推荐的、不推荐的和禁止的。

下面列举林肯市对屋顶、窗户、门的标准规定。

---

① Lincoln, Nebraska, Ordinance No. 13202, Preservation Guidelines, Section Ⅱ, September 15, 1981.

1. 屋顶和屋顶材料

在地标区域，绝大多数屋顶是四坡屋顶或者双坡屋顶，有一些建筑，这两种屋顶都有，屋顶窗有各种样式。

（1）需要做的：在可行的条件下，应当保留现存或最初的屋顶的形状和材料。所有对屋顶的特征有影响的建筑部件，如屋顶窗、窗户、檐角、托架、烟囱、风向标、避雷针、屋顶排水管等都应当保留。

（2）推荐做的：应当尽可能恢复屋顶的原始形状和材料。应当尽量保留在新建筑中一般不经常使用的独一无二的材料。屋顶覆盖物已经损坏且无法维修，在重新覆盖时，尽可能使用成分、大小、形状、颜色和材质与以前使用材料接近的材料。

（3）禁止的：不能改变屋顶的原有特色，例如增加与房屋的式样不和谐的建筑特色或者屋顶材料。不能去除对屋顶特色有重要影响的建筑风貌。

（4）不推荐的：无。

2. 窗户和门

窗户和门的框架基本上是木质、砖质、石质的，包括窗户和门的成分。

（1）需要做的：应当保留现存或最初的窗户和门，包括框、楣、窗台、门槛、百叶窗、卷帘门、装饰性玻璃、三角楣饰、门窗罩饰、门窗五金件等。如果已经损坏且不能修复，最好用复制件；如果不能获得复制件，应当尽可能使用和现存或者最初使用的材料相符合的材料。

（2）推荐的：木结构的防风窗户和门，油漆要与现存或者原来的部分相符合，以后可以移除不能破坏现存的框架。如果使用新的窗框和门，应当使用现存或者原来的设计、材料、五金件。如果使用金属防风门窗，为了和以前相符合，应该油漆、做阳极电镀或者涂层处理。如果要做遮篷，只能用帆布材料。

（3）禁止的：现存或者原来的窗户、门、五金件不能丢弃，如果要重新修复，应该用原件。禁止使用改变建筑规模、比例的新门窗，禁止安装新的门或窗户，改变以往的风貌，如使用铝合金框架，移除以前的门或者窗户。

（4）不推荐的：最好不使用对现存建筑的特色或风貌有干扰的金属、乙烯基塑料或者玻璃钢的遮篷、门窗罩饰、仿制百叶窗。

历史商业区需要特殊的规划审查指南。橱窗展示及商品推销模式都是建筑的组成和标志，对创设街道的历史气氛非常重要。有些地方的保护法界定历史商业区的特质，制定设计指南，保持风格的一致性。例如西雅图为派克市场（Pike Place Market）制定了特殊的设计指南。这个市场被分为 5 个独立的区，每个区有自己特殊的设计指南。

通常这类指南非常详细，不在历史保护法中，而在由历史保护咨询委员会为实施保护法制定的官方规章或标准中。委员会为每个历史区域或者单个地标准备特殊小册子，包括个性化的指南，并且提供好的和坏的修复工作的样本。一般这些指南都是在该区域被认定为历史区域之前就已经准备好了。当财产的所有权人开始考虑历史保护法的影响时，他们可以对关于改动和新建的指南建议的原则进行评议。田纳西州纳什维尔市历史保护法规定：设计指南要在历史区域认定前准备好，纳什维尔市历史保护咨询委员会要对提名的历史区域进行综合性规划研究，包括社区的组成、建筑风格分析、建筑的类型和为了改善社区所做的必要的改动，以及为执行这些改动计划提出特殊的推荐做法和指南。

明尼苏达州的圣保罗市和犹他州的盐湖城，都制定了特殊历史区域设计指南。每个指南都有建筑风格绘图，用通俗易懂的绘画解释审查的标准。

许多地方法律规定，被认定为历史财产的建筑，所有权人有义务保持间架结构的完好，如果疏于管理将会导致拆毁，委员会有权维修并强制所有权人赔偿。

七、"经济困难"条款

许多地方法规为历史财产所有者严格遵守法律做出例外规定——"经济困难"条款或者特殊利益条款。

财产所有者如果能证明该财产已经不能给他带来任何合理利润或者价值，他可以申请拆除或者实质性改动。考虑的因素包括财产现在的回报率；当作历史财产售出的概率；该财产其他方式使用的经济可行性；在什么情况下造成困难；对认定为历史财产，所有者的了解程度或者在有可能认定历史财产时，购买该财产的可能性；其他经济激励措施或者获得资助的可能。

此时，委员会在审核申请时就要考虑：如果根据改动标准，所有者需要花费多少费用？为什么所有者提出拆除的申请？有没有进行整修后盈利的可能？谁是在地标地址上新建的投资者？是什么样的税率和新项目预期收益使得所有者想拆除地标？是不是比建筑翻修获利更高？如果地标拆除，新建与翻修哪个价值更大？有没有实质性的区别？如果委员会不考虑"经济困难"，当财产所有者申请改动或者拆除的许可被拒绝，就可以向法院起诉委员会，控告其行为是违反宪法的"征收"，请求赔偿。美国联邦最高法院在 Penn Central 一案中判断是否属于征收的标准是，如果财产所有者无法进行任何合理的使用或者获得合理的利润，就属于"征收"。该案以后，许多地方保护法律规定，历史保护委员会在决定是否拒绝拆除或者改动申请时，要考虑"经济困难"因素。

为了避免财产所有者出现"经济困难"，可以给予财产所有者一些经济资助，也叫激励措施，如财产税收减免。有些州的市政府发行收益债券或者一般债务债券，利用收益向历史建筑的所有者进行维修或者重新使用发放贷款。市政府也可以使用财政资金发放小额低息贷款。

在实施程序上，财产所有者要证明，如果拒绝拆除或者改动申请，就会造成所有者无法合理使用或者获得合理的利润。历史保护委员会举行听证会，请专家证人发表意见，可以要求财产所有者提供所需信息。如果委员会发现财产所有者确实经济困难，这时地方政府要想办法解决。

如果找不到合情合理的激励措施，地方政府要么购买这块财产，要么授予该财产历史地役权或者进行征收，否则就签发许可。

密苏里州莱博市的历史保护法对"经济困难"做了详细的规定。

申请"经济困难"的证明，必须填写由历史保护委员会制作的表格。历史保护委员会安排公众听证会，并且按照本法规定的方式发布通告。任何人可以根据本法规定的方式在听证会上作证。

委员会可以请专家证人或者要求申请者提供以下信息。

（1）申请建造、改动、拆除或者移动的估算费用，以及如果必须做调整才能签发适当证书，必须按照委员会推荐的建议去施工，因而造成的额外估算的费用。

（2）保证历史财产的结构完整以及适合维修的报告，该报告包括具有维修经验的执业工程师或者建筑师的信息。

（3）目前状况下财产的预估市场价值；在完成申请的建造、改动、拆除或者移动以后的预估市场价值；在根据委员会修改的建议施工后的预估市场价值；如果申请拆除，对该财产翻修，继续使用，预估市场价值。

（4）如果申请拆除，要有建筑师、开发商、不动产咨询顾问、评估专家或者其他有翻修经验的不动产专业人士的关于翻修的经济可行性，或者对在目前财产框架结构下重新利用的经济可行性的评估。

（5）购买该财产的价格和日期。出售者的信息，包括和购买者的关系。

（6）如果财产是收入的来源，前两年每年的总收入、运营清单、维修费用、折旧扣除、每年同期的现金流；如果该财产有债务负担，前两年还抵押的额度或者其他资金保障以及每年的债务负担。

（7）对所有权人或者与财产相关的申请人前两年的购买、支出或者所有权变动等信息的评估。

（8）在最近两年内财产出售、租赁、询价、邀约等的目录。

（9）根据最近的评估，该财产的评估价值。

（10）前两年的不动产税。

（11）所有权的形式或者财产运营的方式，是独资企业还是营利或非营利组织、有限合伙、合资企业或者其他。

（12）委员会认为判断该财产是否能产生或者可能产生合理利润所必需的任何其他信息，包括所有权人、申请者或者主要投资者的所得税级差。

伊利诺伊州高地公园城（the city of Highland Park，Illinois）法律也有相似的判断是否存在经济困难的程序。如果历史保护委员会认为确实存在经济困难，申请将最多被推迟90天，在此期间，委员会进行调查，向城市理事会提出方案和建议，包括降低不动产税、财政资助、建筑规范的修改、区划法律的修改、历史保护法的例外等。

特殊利益条款是指，社区有其重要的目的，如需要修建会议中心，允许拆除或者实质性地改动单个建筑物。例如，哥伦比亚特区法律规定，特殊利益项目是由一位杰出的建筑师设计的建筑或者是实现社会或社区重要目的所必需的项目。

八、"因失修造成损毁"条款

在本书第一章中已经介绍，有些建筑遗产的所有权人没有对建筑及时修缮，导致建筑物毁损严重，不得不拆除。为了避免这种现象出现，本书第三章介绍州授权地方政府制定法律，强调建筑遗产所有权人的义务。美国很多地方历史保护法都规定有"因失修造成损毁"条款。

（一）旧金山市历史保护法的规定

旧金山市历史保护法的相关规定，简洁、规定清晰详细。

维修：所有权人、承租人或者对具有历史意义或历史价值的建筑的实际控制人，都应该根据建筑规范、法律、规章对建筑遗产进行维修。本章节的目的是制止故意或者疏忽大意造成建筑遗产失修，因而维修必须达到避免建筑物外层老化或者腐烂。所有建筑必须完整保护，不能出现以下情况：

（1）建筑物正立面脱落，造成人身或者财产损害。

（2）地基老化或者缺失、地板或地板支撑物有缺陷或老化、墙或者垂直支持结构老化。

（3）由于材料缺陷或者退化，天花板构件、房顶、天花板、屋顶支撑物或者其他水平构件出现裂纹、裂缝或者凸起。

（4）外墙、屋顶、地基或者地板的防水功能出现退化或者失效，包括门窗。

（5）外墙覆盖物有缺陷或者不足以抵抗天气原因的腐蚀，包括油漆脱落或者因为没有油漆或其他覆盖物导致天气原因的腐蚀。

（6）建筑上的任何缺陷导致不能防水或者不能保障结构安全。

（二）弗吉尼亚州的库尔佩伯镇的规定

库尔佩伯镇条例第28章第27节第2条规定：因失修导致损毁包括下面一种或几种作为或不作为。

（1）建筑外层老化，造成建筑物危险或者不安全。

（2）外墙或者其他垂直支撑物、水平构件、房顶、烟囱，外墙构件包括墙板、木墙、砖、灰泥、砂浆等已经出现恶化情况，以致严重影响历史区域的特色或者有可能造成建筑结构不可避免的损害。

库尔佩伯镇建筑办公室或者其他经授权的机构，如果确定历史区域中的建筑物可能因失修造成损毁，就通知库尔佩伯镇历史和文化保护委员会，在通知中陈述理由，并且要求所有权人接到通知后30日内按照规范进行修复或者启动本条款其他程序。库尔佩伯镇保留向所有权人提起诉讼的权利。

（三）弗吉尼亚州夏洛茨维尔市的规定

弗吉尼亚州夏洛茨维尔市不仅要求对城市地标建筑物予以维护，而且对地标所在的土地进行维护。

其历史保护法第31节第141条规定，建筑遗产的所有权人必须进行维护和修缮。

对建筑遗产的所有权人或者实际控制人，不允许因为建筑遗产失修导致任何外部附属物或者建筑特色受损。由适当委员会做出判断，下列情况（包括但不限于）属于对历史区域的特色或者建筑遗产（结构、地标、财产）的寿命和特色造成恶劣影响。

（1）外墙或者其他垂直支撑老化；

（2）屋顶或者其他水平构件老化；

（3）外部烟囱老化；

（4）外部灰泥或砂浆脱落；

（5）外墙、屋顶、地基包括破裂的门窗已经起不到防水作用；
（6）油漆脱落，出现腐蚀、洞眼或者其他形式的腐烂；
（7）对周围环境缺乏维护，例如栅栏、大门、小路、路牌、附件结构、景观等；
（8）其他退化造成建筑遗产处于危险或者不安全状态。

执行委员会应该予以通知，并且将通知寄到注册或者登记的邮箱，在通知中特别列明失修的情况。所有权人或者实际控制人必须在60日内进行修复，也可以向委员会提出申请延长。每超过一天都独自构成一个违反本规章的行为，根据本规章予以处罚。

（四）马里兰蒙哥马利县的规定

马里兰蒙哥马利县的历史保护法规定，如果要求财产所有权人修缮其财产被拒绝，县环境部主任可以进行必要的维修并且费用由所有权人承担，但需要举行公开听证会。

马里兰蒙哥马利县法规第24A-9条规定，如果所有权人没有在规定的时间内实施最后通知所列的行为，主任可以实施必要的修缮，以避免因失修导致的损毁。如果所有权人不支付相应费用，所花的费用包括劳动力费用和材料费可以在该财产上行使留置权，并收取法律允许的最高利息，总额相当于公开出售10年的分期付款。

（五）缅因州波特兰市的规定

缅因州波特兰市授权规划和城市发展部命令财产所有权人对老化的建筑物进行必要的维修。历史保护法第14-690条规定了对建筑物最低要求的维护：

所有的地标和在历史区域的建筑遗产都必须予以保护，以避免出现腐蚀。所有权人或者实际控制人都应该避免建筑遗产出现以下情况而导致毁损：

（1）地基出现老化或者缺损，威胁整体结构的安全；
（2）地板支撑物或者其他承重结构构件有缺陷或者老化，威胁整体结构的安全；
（3）由于材料缺陷或老化，墙、隔墙或其他垂直支撑物出现裂缝、倾斜、凸起，威胁整体结构的安全；
（4）由于材料缺陷或老化，或者尺寸不足以承受应承担的重量，天花板、屋顶或者其他水平构件出现凹陷、裂缝或者凸起，威胁整体结构的安全；
（5）由于材料缺陷或老化，或尺寸或承受力不够，壁炉、烟囱出现倾斜、隆起、下沉，威胁整体结构的安全；
（6）缺少恶劣天气保护措施，威胁墙、屋顶或者地基的整体安全。

所有权人或者其他相关利益人应当在接到书面命令规定的时间内，对上述出现的缺陷予以维修，以符合本规定所要求的保护状态。

任何命令必须书面陈述采取行动的理由，必须特别提示规定的期限，如果为准备资金、人力或者材料要延长期限，可以向规划和城市发展部提出。所有权人或其他人对该命令可以在30日内向上诉委员会提出。上诉委员会如果发现规划和城市发展部没有实质性合理的理由或者规定的期限在任何情形下缺少合理性，可以推翻该命令。上诉或者起诉阶段不停止命令的实施，除非委员会或者法院下令停止。

对于违法者，违法的每一天作为单独违法行为予以罚款。如果故意或者有重大过失违反本规定，在5年内，违反者不能获得在历史区域内建筑物的改动或者建造的建筑许可。而且在 25 年内，无论财产是否在历史区域，任何改动或者建造都适用特殊的设计标准。

九、对历史保护委员会决定的复议或诉讼程序

根据美国《行政程序法》，历史保护委员会的决定要有实质性证据支撑或者有"理性基础"，一个有理性的人认可的判断依据。对历史保护委员会的决定可以向行政机关、立法机关或者其他专门复议机关提起复议，也可以直接向法院提起诉讼。

地方历史保护法都规定城市理事会和法院对委员会对地标和历史区域的认定、适当证书的决定、经济困难的决定等行为进行审查。但是有些地方的法律规定，委员会只是推荐地标或者历史区域，城市理事会最终认定，对地标和历史区域的认定的最后决定权在城市理事会。如果委员会没有向理事会推荐，其他人可以对委员会的行为提起行政复议或者诉讼。如果复议机构是"实质审查"，即不是仅限于审查书面的信息或者参考委员会的专家意见，而基于自己发现的事实审查，所做出的决定标准和委员会的标准是一致的。有些地方的理事会不愿卷入诉讼中，放弃行政审查权。例如伊利诺伊州奥罗拉市历史保护法规定委员会拥有拒绝颁发"适当证书"最终的行政权力，当事人可以向法院提起诉讼，而不是向城市理事会提起复议[①]。但是很多地方历史保护法允许向城市理事会提起复议。

这两种诉讼的方式，对当事人在法庭上的权利有一定影响。

两步审查程序，先由委员会审查，然后由城市理事会审查。在法庭上，法院认为城市理事会的行为是"立法性"行政行为，按惯例，不限于审查历史保护委员会或者城市理事会听证会的记录，而是审查所有有关事项，审查的费用有可能提高；如果按照州行政程序法，审查"行政决定"，法院主要审查委员会举行的听证会记录或者城市理事会的记录，审查重点是基于所提出的证据，决定是否合理。如果认为是合理的，原告承担举证责任。审查费用较低，不需要新的专家证人出庭，整个程序简单。

十、对违反法律的处罚

许多地方法律规定委员会、城市行政机构或者特殊人员实施该法。例如有些城市，规定建筑巡查员有实施历史保护法的权力。而一些地方，规定历史保护委员会有实施法律的权限。但是也有地方规定规划委员会、市长、市政府首席法律官员实施该法。路易斯安那州的新奥尔良市保护 Vieux Carre 历史区域的法律[②]规定：没有许可证或者违反签发的许可证的规定的，法律监察分支机构主任应当立即停止该行为，对当事人立即起诉，追究责任。委员会的任何官员或者授权代理人可以实施与法律监察分支机构主任共同或独立的权力。违反本法，在建筑墙面、外观、屋顶或者附属物上树立标牌或对外装饰的，必须予以铲除。建筑或者构筑物的所有权人或者有法律控制权的人在已知违反本法 65-36 条规定，而没有改正，构成违法行为，按照第 1-6 条的规定予以处罚。

---

① Aurora Ordinance No. 079-4862, Section 37-16.
② New Orkans, Louisiana, Vieux Carre Ordinance, Section 65-15, 65-33, and 65-37.

有些地方法律对违反保护条例的，不但规定刑事处罚，还规定民事处罚。为了强调违反法律的后果，规定每一天的违法行为构成单独的违法行为受到处罚。例如肯塔基州路易威尔历史保护法[①]规定：任何违反本法规定的，处以 15 美元以上 1500 美元以下的罚款，或者 50 天以下的监禁，或者并处罚款和监禁。每一天的违法行为构成单独的违法行为按上述规定予以处罚。

有些地方法律要求违法者对拆毁或者破坏的地标予以重建。这对违法者来说是昂贵的处罚，也是一个比较好的阻止拆毁或破坏的规定。哥伦比亚特区法律[②]规定：任何违反本法第 5、6、8 条规定，拆毁、改动、新建建筑或构筑物的，必须恢复原状；由市政府首席法律官员强制实施。民事的赔偿不能代替刑事的起诉和处罚。

美国地方历史保护法与联邦立法和州立法相比，规定更详细，具有可操作性。建筑遗产是不动产，而且建筑风格和地理特点紧密联系，属地管辖更为合适，美国联邦政府内务部制定有维修导则，而地方立法根据自己的建筑特色，提出具体要求。下面就纽约市历史保护法做详细的介绍。纽约市历史保护法叫地标法。

第三节　纽约城市地标法

20 世纪 50—60 年代城市更新的浪潮中，美国纽约市大批传统建筑被体量巨大的现代建筑所代替，拆毁了许多具有特质或者特别历史意义和审美价值的建筑遗产与景观，包括许多代表这座城市某些特定时代的优秀建筑遗产。在拆毁时，没有考虑通过修缮保留这些建筑可以继续使用，也没有考虑它们对城市景观的价值。拆毁建筑遗产带来无法挽回的损失，这些损失包括建筑和景观蕴含的审美、文化及历史价值的流失。虽然很多建筑遗产可以通过保护重新利用，但是没有相应法律限制财产所有权人的权利，在资本逐利的驱动下，有特色的区域或者独一无二的有特殊意义的建筑被容积率更高的现代建筑所破坏或取代。尤其是 1964 年老宾州车站被拆除，引起人们的反思。如果城市历史和建筑遗产被无视或损坏，纽约市作为世界旅游胜地和世界商业、文化和政治中心的地位是无法得到维护和提升的。如何引导和控制财产所有权人对建筑遗产的破坏，保护纽约的建筑特色，是一个亟待解决的问题。美国是一个联邦制国家，地方政府有"自治权"，可以制定法律限制个人的财产权，因此纽约于 1965 年制定了《城市地标法》。在 1978 年 Penn Central Transport Co v City of New York 一案中，最高法院判决纽约市制定《城市地标法》对个人财产的限制不构成"征收"，是合宪的。下面介绍纽约《城市地标法》的具体内容。

一、纽约地标委员会

（一）纽约地标委员会的组成与职责

纽约地标委员会（简称 LPC）成立于 1965 年 4 月 19 日。地标委员会有 11 名成员，

[①] Louisville, Kenlucky, Ordinance, Section 12.
[②] District of Columbia Historic Landmark and Historic District Protection Act of 1978, D. C. Law 2-144, Section 111bl.

其中包括 10 名志愿者和 1 名领取薪金的主席，他们一般由建筑师、历史学家、城市规划师和房地产经纪人组成。每个月开会 3 次，另外还要进行实地考察和其他集体活动，委员会领导 65 名全日工作人员和 3 名兼职工作人员，其中由 16 人组成的专家组的主要工作是对潜在的历史地标进行普查，撰写认定地标的报告和帮助委员会审查由公众、财产所有权人以及其他利益相关人提起的评估申请（大约每年 200 份），辨别潜在的地标建筑和街区。地标委员会主要的工作职责或职能是，对有关历史区域的建筑遗产、地标坐落地或内部地标或任何景观地标的建造、重建、改动、损毁、使用进行监管。

（二）纽约地标委员会的职责

1. 认定城市地标

任何人包括委员会的成员都可以提起申请某个建筑或历史地段、自然风景区为城市地标，由专家组协助评估申请，然后举行公众听证会和进行广泛的调查，评估拟认定地标的建筑遗产的历史和文化价值，有兴趣的或相关利益人对认定进行评议，提出修改、不同意或废除的提议，委员会会把该建筑或构筑物是否被宣布为"地标"的报告发送给财产所有权人，这个结果可能上诉到评估委员会或者法院。

委员会根据法律规定的标准，有权认定某个建筑或街区为城市地标。一旦认定为城市地标，没有地标保护委员会的同意，财产的所有权人不能对建筑或构筑物进行破坏、修改甚至修建。

对于委员会的认定工作，公众可以进行监督。在 Citizens Emergency Committee to Preserve Preservation v. Tierney[①] 一案中，法院认为保护纽约市的丰富的历史财产，免于受来自政治和商业的影响，属于重大公共利益，原告可以向法院申请命令书，最后，法院命令委员会对原告提出的评估申请，在 120 天内交给评估委员会。所有的委员会成员的意见，不管是肯定还是否定意见，都要记录，并且向地标委员会报告。

2. 对城市地标的建造、重建、修建、拆除进行控制

根据纽约城市地标法的规定，在地标基址、历史地段、包含室内地标的不动产进行建造、重建、修建、拆除，在向建筑部门、城市规划委员会申请建造许可时，要有地标保护委员会颁发的"对所保护的建筑外观无影响证书"（Certificate of no effect on protected architectural features）。地标保护委员会授予此证书需考虑的因素：是否改变、破坏、影响在地标基址、历史地段上建筑外观或室内地标的内部建筑特色；如果建造一座新建筑，要考虑这一建筑是否影响其临近建筑或与其不和谐。

在地标坐落地、历史地段，包含室内地标的不动产或对地标进行建造、重建、修建、拆除，要向地标保护委员会申请"适当证书"或者"对所保护的建筑外观无影响证书"的申请被拒绝后，就要向地标保护委员会申请"适当证书"（Certificate of appropriateness）。地标保护委员会只有确认所要开发的建筑能够符合和实现城市地标法的目的才授予"适当证书"，签署证书要经过地标保护委员会和参加听证会的公民的审查。另外，在决定是否授予"适当证书"时，地标委员会必须考虑下列因素：所提出申请的项目对建筑外观的影响，是否出现新的建筑外貌，或改变、破坏、影响在这些区域的建

---

① Citizens Emergency Committee to Preserve Preservation v. Tierney，2008 WL 5027203 (N. Y. Sup. Ct. 2008).

筑外观；该项目的建筑外观（包括影响）与其他邻近建筑外在特征的关系；在评价这些影响和关系时，要考虑其他相关因素，如审美因素、历史和建筑的价值和意义、建筑风格、建筑设计、建筑安排、建材的质感、建筑材料和颜色等。

在向建筑部门提交任何在历史地段建设一新建筑的申请时，必须附有地标委员会的规划、项目的说明书以及其他信息，包括"适当证书"的请求。提交的资料要包括计划、评估、透视图的资料，材料样品以及现在条件的照片。

为召开公众听证会和建议报告做准备，申请书要提交给地标委员会。随后，地标委员会必须对"适当证书"的请求以及请求书的修改召开听证会。最后，地标委员会必须公布决定，要明确列出授予或者拒绝授予"适当证书"的理由。

在历史街区或者城市地标附近建造新建筑，时间较长。一般来说，一个新建筑获得同意建造，往往经过三年以上的时间。地标委员会仔细审查，举行多次公众听证会和公众会议，还有其他利益相关者的会议。通过这些沟通，建筑师吸取地标委员会和公众的意见，对建筑设计进行实质性修改。这些修改作为申请的一部分呈交给地标委员会。

地标委员会依据《城市地标保护法》规定的提名和认定历史财产和地区的程序和标准，以及审查财产所有权人修改、移动或拆毁财产的请求的程序和标准进行工作。委员会在签署正式决议前，被授权根据规定对修改或拆毁财产的请求证书进行审查和采取行动，进行公众听证评估。如果不服委员会的决定，当事人可以向行政复议机关或市政府提出复议或者向法院提出诉讼救济。

3. 对正在发生的破坏城市地标行为的控制

地标委员会主席或者其授权的代表确认存在违反纽约《城市地标法》的行为，可以随时签发"停工命令"。警察部门和建筑部门应协助地标委员会主席执行这一命令。"停工命令"要有合理的说明。该说明可以让有理性的人明白：已完成或正在做的工作，没有获得地标委员会的同意；违反纽约《城市地标法》的有关规定。任何人没有遵守"停工命令"，会被处以每天500美元的罚款。

4. 制定规章的权力

纽约《城市地标法》第319条规定，纽约地标委员会为了实施该法，可以依据该法制定规章，包括制定保护、保存、提升、延续和使用地标、内部地标、景观地标和历史区域的规定；关于房地产的盈利能力的决定；为执行本法规定的职能、职权和责任的程序，包括委员会根据规定通过邮件或者其他方式送达通知书的程序，以及在工作程序中委员会使用的各种表格。

二、纽约《城市地标法》规定的行政程序

（一）认定地标的行政程序

纽约地标委员会要对城市的建筑进行调查，甄选符合要求的地标。在认定之前要举行公众听证会，至少提前10天发布通知，在《城市登录》上予以公布。委员会应当向所有权人（包括整体建筑之上的地标或提议认定为地标的建筑遗产或享有其中一部分的所有权人，或者任何地标坐落地之上或包括内部地标或提议认定为内部地标的建筑遗产的所有权人，或任何包括景观地标或提议认定为景观地标称号的所有权人）发送有关该

地标、地标坐落地、内部地标或景观地标的认定的公众听证会的通知，或任何认定地标的修改协议的通知，或任何此类取消或关于取消认定地标的修改协议通知。该通知应当由委员会通过邮件方式，按照所有者在财政专员办公室记录的最新地址，发送给他（她）们。如果在财政专员办公室没有此类记录，该通知应当通过普通邮件发送给所有者的整体建筑或相关建筑所在地的街道地址，收件人署名为"所有权人"。如果委员会未能成功送达该通知，将影响下一步程序的进行。

（二）颁发"对所保护的建筑外观无影响证书"或"适当证书"或小型工程许可的行政程序

新建、重建、改变、损毁任何地标坐落地上或历史区域中的建筑或者包含内部地标的建筑，要向委员会申请"对保护的建筑外观无影响证书"，委员会审查该申请的工程是否改变、毁灭、影响任何地标坐落地上及历史区域的建筑遗产外部建筑特征或内部地标的内部建筑特征，如果委员会认为该工程影响或与周围建筑外观不协调，将驳回申请。

在提交申请后的 30 天内，委员会应当颁发证书或者发出驳回申请的通知。在拒绝申请人的申请后，若申请人提出书面异议申请，委员会应当与申请人进行详细商讨。委员会应当就此情况，决定在申请人提出申请后的 30 天内给出答复。若申请人在接到否决申请通知后的 10 天内未提出异议，委员会将在 10 天申请期过后的 5 天内做出决定。

若申请人申请"对所保护的建筑外观无影响证书"遭到拒绝，申请人可以向委员会提出有关申请特殊建筑工程的适当证书。委员会应当举行公众听证会。在提交申请后 90 天内做出决定。

委员会在是否授予"对保护的建筑外观无影响证书"或"适当证书"或小型工程许可的决定时，应当在决定中陈述做出该决定的具体理由。为了保护地标，可以在决定中规定将要进行的工程的施工条件，以及委员会的建议。

如果委员会向申请人授予"对保护的建筑外观无影响证书"或"适当证书"或小型工程许可，申请人已经向建筑部门申请许可时递交了委员会的申请书复印件，委员会应当将该许可证书或该通知的复印件送达建筑部门；如果申请人依据规划方案第 7 条的规定，向城市规划委员会或标准董事会提交特殊许可的申请，委员会应当将该许可证书或该通知的复印件送达城市规划委员会或标准董事会。

三、纽约地标委员会与其他行政部门（如规划委员会等）的关系

保护建筑遗产涉及的方面很多，需要各个部门协调行动。

（一）职责要清晰

规划法律可以通过区划对建筑的高度和密度进行控制，建筑部门可以对违建进行查处。地标保护委员会的职能是什么？纽约《城市地标法》第 304 条规定了委员会的权限。a 款规定委员会的消极性权力，即哪些事项不是委员会管辖的事项。例如，控制或限定建筑群高度、建筑容积、庭院面积和其他敞开区域的面积，控制人口密度，管理和限制商业和工业地点、为特殊目的或划分区域而设计的建筑地点等，是建筑行政部门和城市规划委员会的职责，委员会无权对历史区域和建筑遗产制定规章或者实施规章中以

上有关行为。b款规定了委员会的积极权力,即委员会的权利、职责或职能是:依据本法的规定,对有关历史区域的建筑遗产、地标坐落地、内部地标或任何景观地标的建造、重建、改动、损毁、使用进行监管。

(二) 在认定城市地标工作中互相协作和制约

1. 委员会通知相关部门

地标保护委员会在做出授予地标的决定后,通知相关部门,有利于各部门之间合作,消除信息壁垒。因而纽约《城市地标法》规定,地标保护委员在认定某一建筑为城市地标或某一地段为历史区域或者修改认定后10天内,应向纽约城市理事会、建筑行政部门、城市规划委员会、标准和上诉委员会、消防部、健康和精神卫生部等部门均提交一份同样的副本文件。

2. 城市规划委员会举行听证会并提出报告

城市规划具有前瞻性、预定性,而建筑遗产的授予具有一定的随机性,而且一旦认定,建筑遗产不能随意改动和利用。建筑遗产的保护与城市规划如何协调?在职能上,地标保护委员会和城市规划委员会如何互相协助与制衡?

地标保护委员会做出认定的决定,不是终局性的。在认定中,主要是规划部门进行制衡,在其职责范围内提出专业意见,避免或者协调授予地标称号与规划之间发生的冲突。城市规划委员会可以就地标委员会的决定向权力机构提出建议报告,在写建议报告之前,要召开听证会。这是在认定过程中第二次召开听证会。第一次由地标保护委员会主持召开,这一次由城市规划委员会召开,给利益相关者两次参与的机会,避免地标委员会的一家之言。

由于认定是对私权的一定限制,因而最终的决定权在最高权力机构。纽约《城市地标法》规定,城市规划委员会在收到委员会提交副本文件的60天内,举行公众听证会,然后就认定建筑遗产、地标、内部地标、景观地标和地标坐落地或者认定的修改等是否涉及区域规划、公共建筑项目,任何与相关区域的开发、发展和更新的规划,向城市理事会递交关于认定地标的报告,如果有建议,应当提供,以供城市理事会参考。城市理事会投票表决。城市理事会在收到城市规划委员会递交报告的120天内,经市长由议会提出,通过多数表决制,以投票方式决定同意、修改或否认委员会的任何认定或修正行为。如果市长提出反对,在10天内由三分之二以上的城市理事会再次投票来终局决定。

委员会为保护建筑遗产有对城市规划的建议权。委员会可在任何时间就有关在历史区域的建筑规划方案的修改向城市规划委员会建议。

3. 登录

委员会有授予地标称号权,为保护地标,编制地标目录,详细描述综合特征和坐落地点;有权确定历史区域边界和位置及其变化。在举办公众听证会后,委员会的责任为确定每个地标坐落地并为该地标坐落地确定四至。

在认定为地标、地标坐落地、内部地标、景观地标、历史区域称号之后或者撤销认定或者修改认定之后,委员会应当记录在纽约市档案或在内部地标、景观地标或历史区域所处的区县内进行记录或在Richmond办公室内进行记录。有关认定、认定的修改和撤销,应通知Richmond办公室,在建筑地图、街区编号或税收地图、土地地图(所有其他区县情况下）予以记录。

（三）颁发许可证中的协作和制约

保护建筑遗产的核心是保护建筑遗产的原真性，建筑遗产重要的保护原则是维持原状。纽约市对建筑遗产进行严格保护。对建筑遗产上的行为分为两种，一种是对建筑遗产的新建、重建、改动、损毁；一种是涉及建筑遗产的小型工程。

对建筑遗产的行为控制，不是资格审查，而是对这类行为进行事先审查，事中监督，事后处罚。主要实行双许可制，避免对建筑遗产的匆忙拆毁。

（1）对建筑遗产的新建、重建、改动、损毁事先审查，采取城市规划委员会（或标准董事会）和历史保护委员会的双许可制。

对在地标坐落地或历史区域的建筑或包含内部地标的建筑进行新建、重建、改动、损毁的，首先要获得委员会颁发的"对保护的建筑外观无影响证书""适当证书"或授权通知，然后要得到城市规划委员会或标准董事会的许可，才能实施。

因而对在地标坐落地或历史区域的建筑或包含内部地标的建筑进行新建、重建、改动、损毁的，申请人在向建筑部门提交申请的同时，应向委员会提交一份申请副本，同时应向委员会申请颁发"对保护的建筑外观无影响证书"或者"适当证书"。如果没有"对保护的建筑外观无影响证书"或者"适当证书"，不许施工；即使获得"对保护的建筑外观无影响证书"或者"适当证书"，但是没有城市规划委员会或标准董事会的许可，也不能动工。

（2）对建筑遗产的小型工程建筑部门和历史保护委员会的双许可制。

"小型施工"指改变、增加或移动建筑的结构、元素或者材料，包括但不限于外部建筑特征或内部建筑特征，如粉刷外层、再涂层、油漆、修复、翻新、改造外部或内部建筑特征或使用方法的实质改变。如果这种改变、增加、移动不属于普通修复和维护，在法律上是允许的，不必获得建筑部门的许可。

委员会收到对建筑遗产的小型工程申请，应当及时将该申请递交至建筑部门，建筑部门应尽可能及时向委员会论证是否颁发许可，但是委员会认为应该驳回申请，委员会应及时将此决定通知给申请人。如果建筑部门认为不该颁发许可，委员会应当决定：(a) 申请的工程是否会改变、破坏、影响任何建于地标坐落地之上或者历史区域内建筑遗产的外部建筑特征，或包含内部地标的建筑遗产的内部历史特征；(b) 如果该工程可能会产生影响，要依据纽约《城市地标法》25-307 的 b、c、d、e 条款中制定的相关标准来衡量，该工程应当遵守并贯彻本法的目的。如果委员会认为本条款 c 中 (a) 项中涉及的问题是否定的，或者认为本条款 c 中 (b) 项涉及的问题是肯定的，委员会应当颁发许可；如果委员会认为本条款 c 中 (a) 项中涉及的问题是肯定的，或者认为本条款 c 中 (b) 项涉及的问题是否定的，委员会应当拒绝颁发许可。

如果没有获得委员会许可，移除、改变大部分外部建筑特色或改动、改变窗户的装饰性元素、修改外部门廊或游廊、墙壁、栅栏、栏杆、门廊、阳台、屋顶包括天窗、隔间、山形墙和女儿墙等就属于"A类违规"，会受到行政处罚（下面将详细介绍）。

如果建筑遗产处于危险状态，建筑部门、消防部门、健康和精神卫生部或任何相关官员和其他部门或者受理法院为了维修危险建筑，以防对人的生命、健康和财产安全造成影响，应当下达命令或者指令，在地标坐落地或历史区域的建筑遗产或者包含内部地标的建筑遗产上，进行新建、重建、改动、损毁行为或者下达命令或指令，进行此类建筑遗产的小型工程，在没有获得"对保护的建筑外观无影响证书"或者"适当证书"或"小型工程许可"的情况下，按照上述命令或者指令从事的行为不构成违法。建筑部门、消防部门、健康和精神卫生部门应当视具体情况而定，将签发或建议签发的命令或指令的相关事宜，尽早通知委员会。

（四）委员会对其他部门负责的工程进行审查

如果某工程是对城市拥有且建于城市拥有的土地之上，或是对建立于地标坐落地之上，或在历史区域内，或包含内部地标的建筑遗产的建造、重建、改动或损毁，负责工程的行政部门，在批准或实施计划之前，要将该计划送达委员会，由委员会审查并撰写报告。该报告应当递交给市长、城市理事会和负责部门，在送达45天内公布在"城市记录"上。

对于城市资助的工程，根据法律授权批准建造或执行的官员或部门应通知委员会以便委员会做出报告。在同意批准之前，必须获得委员会对该工程的报告，委员会应当向每一位官员或每个部门递交此报告，并且此报告应当在通知送达的45天内公布在"城市记录"。

委员会对其他部门提议工程的审查报告是一种程序性的建议，并没有最终决定权。如果是对建筑遗产的建造、重建、改动或损毁，报告递交给市长、城市理事会和负责部门，提请城市最高行政权力部门最后权衡利弊，再一次从保护建筑遗产的角度重新审查该工程。如果是其他公共资金项目，在批准之前，必须请委员会做出报告，是给委员会对该工程是否影响建筑遗产发表意见的一次机会；从负责该工程的官员或行政机构来说，是听取建筑遗产保护专家意见的一次机会，在工程未开始前，从是否影响建筑遗产的角度再次思考，避免盲目行动。在保护建筑遗产方面，各个行政机构不但可以形成共识，而且避免了各自为政的行政行为之间冲突。

四、纽约城市地标的认定

（一）认定的标准和法律后果

1. 立法目的

纽约《城市地标法》的立法目的是授予城市地标保护的依据。其主要目的是：

① 保护、加固、保存建筑、景观和反映城市文化、社会、经济、政治、建筑史特色的地区；

② 保护建筑、景观与历史区域所体现的城市历史、审美、文化遗产；

③ 稳定并提升历史区域的房地产价值；

④ 培养市民对过去的美好和优秀人类成果的自豪感；

⑤ 保护和提升城市旅游景点对游客的吸引力，借此促进商业和工业发展，加强城市经济；

⑥ 提升历史区域、地标、内部地标和风景地标的寓教于乐的价值，提升人们的

福祉。

2. 必须考虑的因素

在决定授予时，地标委员会必须考虑下列因素。

① 所申请的项目在建造、改动、拆除时的影响或者影响这个项目的建筑外观特征。

② 该项目完成后，对其他邻近建筑外在特征的影响。考虑的因素有：审美的、历史的、建筑的价值和意义，建筑风格，建筑设计，建筑安排，质感，材料和颜色。

具体考虑的因素：

① 高度和外形。

② 扩建会影响建筑的沿街墙和邻近建筑的关系，而这些建筑具有历史性街区的特色。

③ 美学的、历史的和建筑的价值。

④ 所提议的新建筑外观包含许多建筑元素，是在历史街区一栋栋传统建筑中的新建筑从形式、材料、细节等方面要和街道的比例、材质、联结、细节等相协调。

建筑式样、设计和安排

⑤ 新建筑的外观应与历史性街区绝大多数建筑风格一致，要有传统特色的地基、通风管道、柱头装饰等。

⑥ 质地、材料和颜色。

⑦ 砖和石头等材料要和街道旁的其他建筑的材料、颜色、表面质地相协调。

（二）认定为地标的法律后果

某一建筑认定为地标后，将在纽约市"城市记录"上公布；如果符合联邦《历史保护法》的登录要求，也可在联邦登录。任何人不能随意改动、新建、拆毁城市地标。根据联邦税法，联邦登录的建筑遗产的所有权人可以享受税收减免。

五、经济困难条款

经济困难条款是纽约《城市地标法》一个非常古老和特殊的条款。它授权城市地标所有权人，在向委员会出示证据，证明除非对建筑遗产拆毁、改变、重建，否则无法获得合理的利益回报。

建筑遗产从投资角度，是一项固定资产。投资人拥有它，是为了盈利。而且建筑遗产下的土地，因级差地租等原因可能在增资，拆毁旧建筑，兴建新建筑，可能获得更大的利益。但是建筑遗产因其体现的历史文化资源，具有不可再生性，具有公共利益。如何平衡私人利益与公共利益的关系？

（一）保护所有权人对建筑遗产的权益

建筑遗产所有权人，自申请提交之日，在建筑遗产不能获得合理利润的情况下，可以申请拆毁、改变、重建该建筑。建筑遗产所有权人是指拥有建筑的权利或利益的任何个人或团体。这项权利贯彻始终。如果建筑遗产确实已经丧失获取利润的能力，即使委员会提出解决方案，所有权人可以拒绝。在保护公共利益的同时，不能牺牲个人利益。

（二）对所有权人的物权进行限制

这项权利不是所有权人可以任意行使的，要有善意的目的。拆毁的目的是：（a）在原址上合理迅速修建新大楼或其他带来收入的设施；(b) 终止运营建筑遗产带来的损失。

申请改动或重建的目的是：增加利润，并采取合理迅速的改动或重建行动。

需要获得对该建筑拥有建筑管辖权的城市理事会的允许和批准后，才可进行拆毁、建造、重建、改建和其他工程。

在程序上，需要向委员会申请授权损毁、改变和重建的适当证书，获得委员会授权或批准。委员会进行审查，主要审查建筑遗产是否已经丧失获得利润的能力，即所有权人是否无法获得一个"合理的利益回报"。对于"合理的利益回报"，纽约《城市地标法》做了详细规定，指自提交"适当证书"申请起，基于城市的目前估价，一个房地产估价6%的年净利润。年净利润不包括房屋抵押贷款，但是包含折旧扣减。对于6%的年净利润的规定，目前没有对其提出司法审查。委员会可以决定在1958年3月15日至提出申请期间的房地产估价是否公平合理，按照正常财务条款并按照确定的价格，且不受到特殊情况的影响，这些特殊情况包括但不限于强买强卖、产权交易、一揽子交易、虚假抛售、销售合作。确定房地产销售是否按照合理的财务条款执行的标准是委员会必须考虑以下因素。卖方收到现金支付的比率：(a) 房地产的销售价格；(b) 房地产的年总收入。作为房地产的留置权的未支付按揭总额（包括购买财产抵押）与房地产估价相比。房地产的销售价格与房地产的年总收入的比例，由居住性租赁和以往既定的租赁调整总额决定，不包括空间、服务、家居、摆设、设备、主要改良性资本支出和实质修缮等费用。购买财产抵押中的递延摊销或此类抵押的折扣。委员会判断，可能与财务问题有关的任何与销售相关的事实和情况。

（三）购买或者其他替代方案

如果所有权人证明无法获得"合理的利益回报"，纽约城市地标委员会就要制定一个能够使建筑遗产获得"合理利益回报"的方案，尽最大努力与建筑遗产所有权人进行磋商，尽可能保存建筑遗产，提供解决方案。例如，给予部分或全额税收豁免，或者税收减免（明确指出认为必须的税收减免或税收豁免的额度），或者在不影响建筑遗产的外部特征情况下，授权改造、建造、重建等工作，使该建筑能够继续合理利用。

如果双方对方案不能达成一致，纽约市政府可以直接购买该建筑财产，或者获取其"保护地役"权，或者准许财产所有权人进行拆毁。

委员会提出该方案后，及时向申请者提交方案复印件，在做出初步决策后的60天内通知申请者。委员会应当就此类方案举行公众听证会。

举行公众听证会后，认为该税收减免或者税收豁免的方案符合规定，该方案按照原来的计划没有做出变动或者经过委员会认可做出了必要、合理的修改，委员会应当驳回申请人提出的适当证书的申请，认可原来方案或者允许修改的方案。对建筑遗产税收减免或者税收豁免的方案最终由市长或城市理事会批准，委员会的认可不代表已经批准。

委员会应当及时向申请者邮寄已经认可的有效的该方案的副本，并且将此方案的副本同时送达税收委员会。

建筑遗产的所有权人有权以书面形式向委员会提出接受或拒绝该方案。

如果建筑遗产所有权人拒绝，委员会应当在法律规定的期限内向市长递交书面建议，这份书面建议包括城市能在建筑遗产中获得特殊利益，以及有关适当证书的申请。如果在该建议发出 90 天内或没有在该建议规定的日期失效后 90 天内发出该建议，不能采取下列措施：(a) 根据本法第 382 条，给申请人发出通知，为公共利益征用此类利益或任何其他由市长和委员会同意的合理保护的利益；(b) 按照建议或之前同意的条款，与整体建筑的所有者签订合同，获得该利益；(c) 代替申请人的适当证书的请求，委员会应当及时批准、签发并送达所有者，关于继续开工的通知。

如果认为该建筑遗产对纽约市意义重大，经市长和城市理事会同意，可以购买该建筑遗产。

六、避免因疏忽大意造成建筑遗产毁损的义务

建筑遗产和动产文物保护不一样的地方在于：它在合理使用下，更能保护长久。如果建筑所有权人或其他管理人忽略，就有可能因长久失修而倒塌。

建筑遗产的负责人，有义务维护建筑遗产，使该建筑遗产的外部结构处于良好的状态，如果发现建筑遗产的外部损毁、腐坏、受损，应当及时修复。发现有损坏建筑遗产的行为，要及时制止。这项义务的责任人很广，不仅仅局限于所有权人，包括相关者。法律规定义务的主体是负责人，指拥有建筑遗产和房地产的所有权人，或者房产的出租人、抵押人、买主、租赁代理人、接收人、执行人、委托人、贷借人、中介，或其他直接或间接控制建筑遗产和房地产的人。也就是说，任何直接或间接控制建筑遗产的人，发现建筑遗产有损坏，就有义务进行维修。避免出现没有及时维修，导致建筑遗产进一步损毁、损坏，甚至无法维修而倒塌。

依据法律，如果施工或更换的目的与效果是为了防止建筑损坏、损伤，并尽最大可能将建筑遗产修复至损坏之前的原样，不需要经过建筑部门允许。

如果责任人，未能维护建筑遗产，使之处于非良好状态，导致或可能导致建筑遗产的严重损毁或受保护建筑遗产的特征和建筑特色的严重损毁，属于"B 类违规"，要承担相应法律责任。

七、保护城市地标的措施

保护城市地标的首要措施就是甄选机制，只有把要保护的建筑遗产甄选出来，才能采取有效措施防止损毁。甄选机制包括勘察和登录制度。勘察是登录的基础，如果没有勘察作为基础，委员会有可能被起诉，法院依据行政程序法规定，有可能以"任意行为"为理由，判决委员会败诉。所以，虽然纽约《城市地标法》没有规定委员会要对地标进行勘察，在实践中，提名某个建筑之前，都会进行勘察。而且，勘察也为以后的登录提供依据。登录要记录建筑遗产的四至，建筑遗产需要保护的特色，建筑遗产的材料、立面等信息。

对建筑遗产上的施工要严格控制。保护建筑遗产有三原则：不改变原状原则、真实性原则、完整性原则。真实、完整地保护保护建筑遗产上的文化、历史、建筑价值，对建筑遗产上的施工要谨慎。

因而，纽约市对此类行为不是资格审查，而是行为审查，在开工之前，申请人就得

说明采用的方法。前面已经介绍过，纽约对建筑遗产的新建、改动、损毁等行为实行双许可制，避免一时冲动，造成城市地标损毁。

不仅施工前进行审查，而且施工中进行监督。当委员会主席有正当理由，认为正在进行的工程违反了法律的规定，可以签发停止施工命令。停止施工命令可以由委员会主席签发或者由其授权代表签发。由委员会主席签发的命令应当附上本人签名，或者委员会主席可以授权其代表签署其姓名。该命令可以根据委员会规章，以书面或者口头的形式颁发给相关管理人员，或者管理建筑遗产的人员，或者参与正在进行的相关工程人员，或者相关建筑的所有权人，或者管理整体建筑的相关人员。警察部门和建筑部门应当根据委员会主席的要求，帮助委员会主席执行该命令。如果口头形式下达停止施工命令，在该命令下达后48小时以内，以书面形式把命令邮寄违法行为发生的建筑地址上的人。委员会主席签署的停止施工命令，应当合理描述违法行为或者违法工程的情况。如果行为人未能遵守停止施工命令，除了承担民事责任、行政责任、刑事责任（由司法部门主要负责人采取必要行动或程序要求行为人承担）外，还面临每天5000美金的民事罚款。如果不服，可以以委员会主席为被告提起民事诉讼或者通过行政审判和听证办公室、环境管控理事会、其他拥有管辖权的特别审判法庭的行政程序提出撤销申请。

调查和报告措施。委员会认为需要或适合落实纽约《城市地标法》的目的，应随时进行调查和研究，对保护、保存、提升、延续和使用地标、内部地标、景观地标、历史区域以及修缮地标、内部地标、景观地标、历史区域的建筑进行调查和报告。委员会应当向市长和其他城市部门提交以上报告和建议。为了进行上述调查和研究，委员会应当举行必要的相关公众听证会。

八、破坏城市地标的法律责任

任何人没有"对所保护的建筑外观无影响证书""适当证书"或者授权通告，不能对地标（包括地标基址上的、历史地段的、与室内地标相关的不动产）修改、重建、拆毁；没有地标保护委员会的许可，不能对地标（包括地标基址上的、历史地段的、与室内地标相关的不动产）进行局部改建；地标管理人有保持地标处于良好状态的义务；任何人在向地标保护委员会申请证书、许可或者向地标保护委员会提交的各种文件中要诚实。否则，构成犯罪，承担刑事责任；还要承担民事责任。

（一）破坏城市地标的民事责任

1. 提起民事诉讼的主体

由纽约市司法部门主要负责人向有管辖权的法院提起诉讼，要求违法者承担民事赔偿责任。

2. 承担民事责任的主体

任何对城市地标破坏的人以及没有履行维修义务的建筑遗产的负责人或者申请时虚假陈述的人，都可能成为被告，要求承担相应责任。

3. 承担民事责任的行为

承担民事责任的行为有五类。

① 任何人没有获得委员会颁发的"对保护的建筑外观无影响证书""适当证书"或

授权通知，对地标坐落地和坐落于历史区域的整体建筑或部分建筑进行改动、重建、损毁的行为；

② 任何人没有获得委员会颁发的"对保护的建筑外观无影响证书""适当证书"或授权通知，对在地标坐落地之上或历史区域中或包含内部地标的建筑遗产进行任何小型工程；

③ 任何历史区域内或地标坐落地之上的建筑遗产的负责人，没有履行维护建筑遗产，使之处于良好状态的义务；

④ 任何人在向委员会申请证书、许可、其他同意或向委员会提交的违法行为已改正的证明时，如果故意进行虚假陈述或者故意隐瞒实质性事实；

⑤ 违反任何由委员会主席根据相关法律条款发出的命令。

根据造成的损害，民事责任分为三种。

如果造成（a）在地标坐落地之上或历史区域内的建筑遗产全部或者实质上全部被损毁；（b）进行的工程或者开工或维修极大程度上损坏了在地标坐落地之上或历史区域内的建筑遗产的完整性；（c）进行的工程或者开工或维修导致毁坏、移动或者极大程度上改变50%面积以上的地标坐落地之上或历史区域内的建筑遗产的两个外墙（包括界墙和边墙）；（d）被告未能采取行动，阻止本条款中（a）（b）（c）项所提及的情况发生。被告将要承担民事赔偿，最高赔偿额为整体建筑或者建筑遗产或不包括建筑遗产的公平市场价值中额度最高者；如果违反相关条款和命令，进行的工程或者开工和维修的导致毁坏、移动或者极大程度上改变内部地标认定报告中提及的被保护特征，被告应当进行民事赔偿，赔偿额为修复已毁坏、移动或改变的被保护特征的估算费用的两倍。

其他违法行为，例如虚假陈述或隐瞒事实，但并没有造成地标损毁或者没有改变保护的特征，被告承担5000美元以下的民事赔偿责任。

（二）破坏城市地标的行政责任

承担行政责任的行为和上述承担民事责任的行为一样，有五类。

① 任何人没有获得委员会颁发的"对保护的建筑外观无影响证书""适当证书"或授权通知，对地标坐落地和坐落于历史区域的整体建筑或部分建筑进行改动、重建、损毁的行为；

② 任何人没有获得委员会颁发的"对保护的建筑外观无影响证书""适当证书"或授权通知，对在地标坐落地之上或历史区域中或包含内部地标的建筑遗产进行任何小型工程；

③ 任何历史区域内或地标坐落地之上的建筑遗产的负责人，没有履行维护建筑遗产，使之处于良好状态的义务；

④ 任何人在向委员会申请证书、许可、其他同意或向委员会提交的违法行为已改正的证明时，如果故意进行虚假陈述或者故意隐瞒实质性事实；

⑤ 违反任何由委员会主席根据相关法律条款发出的命令。

与承担民事责任不同，行政责任的追究通过行政程序向行政诉讼和听证办公室、环境管控董事会或其他拥有管辖权的机构提起诉讼。根据法律适用条款和行政特别法庭程序规则，在违法通知收到回执之前或者按照委员会的规定，违法通知已经送达才可以启动民事处罚的行政程序。违法通知书应当合理描述违法行为或者违法工程的情况。"合理描述"是指对违法行为或违法工程的情况描述，合理地描述具体情况，足够详细，使一个理性人认识到：已经进行的或正在进行的工程未获得委员会的合理同意；开工或维持的状态违反了纽约《城市地标法》的规定，或未能采取行动，阻止违反纽约《城市地标法》的行为发生。行政特别法庭有权根据纽约《城市地标法》执行民事处罚。执行民事处罚的行政法庭法官可以在法庭上通过民事诉讼或民事程序或者法律适用条款关于形状特别法庭的程序授权受理该案。在发出违法通知之前，委员会主席应当按照委员会条例，当面或者通过邮件向被告发出警告。警告应当告知被告：委员会主席认为被告违反了纽约《城市地标法》的规定，首先警告被告：按照法律规定将要受到相关民事处罚，并给予被告一定的宽限期以改正违法行为或申请许可或者采取其他解决方法。如果在违法通知书收到回执之日前，被告向委员会承认犯下违法行为，并向委员会提交相关证据，证明已经纠正违法行为，则不得针对初次违法行为，执行任何民事处罚。如果被告关于消除违规的情况，向委员会进行错误陈述或者故意隐瞒实质性事实，被告将被处以10000美金以下的民事罚款。如果在违法通知书收到回执之日前，被告根据委员会规定，承认犯下违法行为，并向委员会提交申请，将相关工程合法化使其不再违反相关规定，委员会不得针对初次违法行为，在行政程序执行任何民事处罚。但是不适用于再次违规的情况，或者被告违反停止施工命令的情况，或者在收到警告后，被告没有进行改正。

主要依据行为的后果，而追究行政责任。按照行为的性质，分为 A 类违规行为、B 类违规行为和 C 类违规行为。

"A 类违规"是指，除根据委员会的章程规定外，违反纽约《城市地标法》规定，未经委员会许可的以下工程、施工、维修，包括：

（a）移除、改变大部分外部建筑特色（不包括油漆），包括但不限于移除、改变：

（ⅰ）单面外墙的窗户或在建筑遗产上先前装窗户的位置，移除、改变单面墙体上以前、历史的特殊窗户；

（ⅱ）由金属、玻璃、木头、砖块、陶瓷或石头材质的装饰性元素，包括但不限于飞檐、楣石、格栅或嵌线等；

（ⅲ）铺设路石和石子路边石；

（ⅳ）外部门廊或游廊；

（ⅴ）墙壁、栅栏、栏杆、门廊、阳台、屋顶，包括天窗、隔间、山形墙和女儿墙；

（ⅵ）店面，包括但不限于安装标志、雨篷、旗杆和旗帜。

（b）移除或改变大部分受保护的在认定的报告中提及的内部地标。

（c）在地标坐落地或历史区域的边界，建造一个完整的或部分的新建筑、结构，对任何建筑遗产的添加，除上文提到的主要建筑变更外，任何改变现存主体结构或建筑外层的行为都是违规行为。

（d）由于铺设或其他建造构成地标或历史区域特色部分的道路、植被、前院、后院、旁边的院子，而消除这些特色的行为。

（e）如果建筑遗产既不是一座建筑也并非内部地标，移动或改变此类建筑的具有价值的部分。

（f）根据限制性声明条款（该条款与在委员会管辖内的建筑遗产的区域规划许可、执照或授权相关），未向委员会递交任何周期性勘测报告。

"B类违规"是指，除非委员会章程中另有定义，违反纽约《城市地标法》第25-311条，未能维护建筑遗产，使之处于良好状态，导致或可能导致建筑遗产的严重损毁或受保护建筑遗产的特征和建筑特色的严重损毁。

（a）根据本条定义（不限于本条规定的范围），"严重损毁"指未能维护达到以下要求：

（ⅰ）建筑结构处于完好状态或者处于防水侵蚀状态；

（ⅱ）受保护建筑特色和建筑特征处于完好状态或者处于防水侵蚀状态，或者未能保护具有该特征的历史材料的完整性。

（b）根据本条的定义，"严重损毁"不包括：

（ⅰ）任何产生漏水或轻微结构损毁的情况，除非这种情况已经存在一段时间，并导致或可能导致严重漏水或结构损毁，因而墙面或屋顶的主要部分发生损毁；

（ⅱ）未能维护作为整体的受保护建筑遗产的小部分、单一的建筑特色。

对于A类违规行为和B类违规行为，初犯，被告应处以5000美元以下的罚款。再犯，被告应自违法行为被发现或承认违法行为之日起，在违法行为存续期间内，处以每天2500美金以下的罚款。在任何情况下，再犯的罚金不得少于初犯的最高罚金。

"C类违规"是指其他违规行为。对于C类违规行为，初犯，被告应处以5000美元以下的罚款。再犯，被告应自违法行为被发现或承认违法行为之日起，在违法行为存续期间内，按照每天50美金以下的罚款。在任何情况下，再犯的罚金不得少于初犯的最高罚金。

除上述的处罚规定外，委员会主席在其自由裁量权范围内，在行政程序中，有充分理由，可以建议对被告进行较轻的民事处罚或免于民事处罚。

（三）破坏城市地标的刑事责任

刑事责任是一种严厉的处罚，虽然破坏城市地标是一种轻罪，但是受到刑事处罚的个人一般不能担任公职，社会信用也会受到影响。

① 任何人没有"对所保护的建筑外观无影响证书""适当证书"或者授权，不能对地标（包括地标基址上的、历史区域的、与室内地标相关的不动产）进行修改、重建、拆毁，否则构成轻罪，处以5000美元以上，10000美元以下的罚金，或者不超过1年的监禁或者同时处以罚金和监禁。

② 委员会主席发现不符合法律规定，对地标（包括地标基址上的、历史区域内的、与室内地标相关的不动产）进行修改、重建、拆毁，发出停工命令，被告没有遵守该命令，处以5000美元以上、10000美元以下的罚金，或者不超过1年的监禁或者同时处以罚金和监禁。

③ 任何人没有委员会的许可，不能对地标（包括地标基址上的、历史区域内的、与室内地标相关的不动产）进行局部改建。局部改建包括对不动产的部分、结构或材料的改变，或者表面装饰、重新装修、绘画、重修、翻新等。如果违反规定，对于初犯，

处以 500 美元以上、1000 美元以下的罚金，或者不超过 30 天的监禁或者同时处以罚金和监禁。对于不改正者，继续违反规定，处以 2500 美元以上，5000 美元以下的罚金，或者不超过 90 天的监禁或者同时处以罚金和监禁。

④ 委员会主席发现不符合法律规定，对地标（包括地标基址上的、历史区域内的、与室内地标相关的不动产）进行局部改建，发出停工命令，被告没有遵守该命令，对于初犯，处以 500 美元以上、1000 美元以下的罚金，或者不超过 30 天的监禁或者同时处以罚金和监禁。对于不改正者，继续违反规定，处以 2500 美元以上、5000 美元以下的罚金，或者不超过 90 天的监禁或者同时处以罚金和监禁。

⑤ 建筑遗产的负责人，都有义务维护建筑遗产。如果违反该义务，对于初犯，处以 500 美元以上、1000 美元以下的罚金，或者不超过 30 天的监禁或者同时处以罚金和监禁。对于不改正者，继续违反规定，处以 2500 美元以上、5000 美元以下的罚金，或者不超过 90 天的监禁或者同时处以罚金和监禁。

⑥ 任何人在向地标保护委员会申请证书、许可或者向地标保护委员会提交的各种文件中故意捏造事实、虚假陈述或故意遗漏重要事实，处以 1000 美元以上、5000 美元以下的罚金，或者不超过 90 天的监禁或者同时处以罚金和监禁。

公众参与表现在两个方面，一是有授予地标的提名权，二是在委员会授予地标之前要召开公众听证会，公众可以发表意见，委员会应当考虑并记录在案。

附录1 美国联邦《国家登录条例》

（收录于《联邦行政法典》公园、森林和公共财产编第一章国家公园管理局、内务部第60条国家登录）

60.1 国家登录的授权

a. 1966年《国家历史保护法》修正案授权内务部部长扩大和保持对美国历史、建筑、考古、工程和文化有重大意义的区域、遗址、建筑、建筑构筑物和物品进行国家登录。

b. 财产进行国家登录的程序如下：

（1）国会立法和行政命令创立国家公园管理系统管辖的历史区域，由国家公园管理局进行管理，历史意义的确定要符合国会立法的目的；

（2）由内务部部长确定是否有国家意义并决定是否授予"国家历史"地标称号；

（3）已纳入州历史保护项目，由州历史保护官员递交提名文件，国家公园管理局同意；

（4）任何人和地方政府（如果该财产坐落于州，没有纳入州历史保护项目）提名，国家公园管理局同意；

（5）联邦财产的提名，由联邦机构准备提名，联邦历史保护官员递交提名文件，国家公园管理局同意。

60.2 根据联邦法律登录的效果

国家登录是联邦、州、地方政府、私人团体、公民在判定是否属于国家历史文化资源的权威指南，也是在财产避免被破坏或者拆除时的一个重要考虑因素。录入国家登录的财产并不制止财产所有权人根据联邦法律或者规章提起的任何诉讼。

a. 国家登录是行政规划的工具。根据1966年《国家历史保护法》修正案第106条，如果某一项目对已经登录或者有可能登录的财产有影响，负责该项目的联邦机构应该给历史保护咨询委员会进行评价的机会。委员会工作程序、评价职责以及其他事项在36 CFR第800节予以规定。如果联邦机构已经符合程序规定，他们的行为可以认为是适合的。如果委员会的评价必须考虑，成为决策的一部分，联邦机构应当和项目决定一样予以执行。

b. 财产登录后，财产所有权人有资格获得联邦对历史保护的资助。

c. 登录的财产可以适用1976年税收改革法（经过1978年财政法修正）及1980年税收政策扩大法有关条款。这些条款通过税收激励对历史建筑和构筑物进行维修，不鼓励取消特定的联邦税收，拆除历史建筑或历史构筑物，在原址建造新建筑。历史建筑所有权人可以获得1978年财政法案规定的投资税收减免优惠。1981年经济复苏法规定：1982年1月1日以后修复历史商业、工业和居住建筑的，享受25%投资税收优惠取代维修税收优惠，可以调整历史建筑固定资本基数，享有 15 年的成本收回期。历史建筑的维修可以通过免除某些要求，降低历史建筑固定资本基数，从而减少额外的税收。1982 年 1 月 1 日废除了在拆除的历史建筑原址上建造的建筑不能进行加速折旧的规定。1980 年税收政策扩大法包括在历史重要区域保护部分利益有关慈善捐献的规定。

d. 如果财产包含有地表煤炭资源，而且已经在国家登录，根据《1977 年地表开采和控制法》的有关条款，在决定颁发地表煤炭开采许可证时，要考虑财产的历史价值。

60.3 定义

a. 建筑，是指为人类活动提供场所的建筑物，包括房屋、仓库、教堂、旅馆或相似建筑物，也包括历史上所指的综合体，例如法院大楼、监狱、公司、农仓。

举例：位于科罗拉多州丹佛市的莫莉·布朗故居（Molly Brown House Museum），位于加利福尼亚州海沃德密克豪宅和马车屋（meek mansion and carriage house），位于俄亥俄州诺沃克市休伦县法院和监狱，位于北卡罗纳州达勒姆附近费尔托什种植园。

b. 选举产生的地方官员首脑，是指市长、郡县法官、郡县行政首脑或者其他选举产生的行政官员首脑，他们都是在历史财产所在地，通过选举产生的地方政治中有司法权的首脑。

c. 适格决定，是指一个历史财产虽然没有在国家登录，但是已经达到国家登录标准，内务部做出的适格决定。该决定不能使此历史财产和登录的财产一样获得资助、贷款或者税收减免等激励优惠。

d. 历史区域，是指在城市或者乡村，遗址、建筑、构筑物或者物品和过去事件、建筑规划或者经济发展密切相关的有历史意义集中区域、关联区或者社区，在地理上可以界定的区域。历史区域有时也包括地理上分开，但是历史或者其他相关联的一个个独立的历史财产。例如，华盛顿特区乔治城历史区域，佐治亚州亚特兰大的马丁·路德·金历史区域，科罗拉多州的杜兰戈到西尔弗顿之间的窄距火车轨道。

e. 联邦保护官员，是指由联邦机构负责人任命，根据 1966 年《联邦历史保护法》和 11593 号行政命令，负责联邦历史保护，包括联邦拥有或控制的财产向国家登录提名的官员。

f. 国家登录保管员，是指由国家公园管理局任命，享有负责登录历史财产和决定国家登录的适格性权力的个人。在他或她认为合适时，此权限可以授权其他人。

g. 多样资源申请，是指在特定地理区域，所有或特定文化资源向国家登录提交提名申请。

h. 国家管理局，是内务部下的一个局级单位，由内务部部长授权，负责国家登录项目的行政管理。

i. 国家登录提名表格，是指：（1）国家登录提名表 NPS 10-900，包括附件 NPS 10-900a 表、地图、照片等；（2）联邦提名表 No.10-306，包括附件 No.10-300A 表、地图、照片等。提名表必须认真填写，文件齐全，在技术和专业上正确和充分。表格和地图、照片的填写或提交必须符合要求，可以参照国家公园管理局出版物《如何填写国家登录表格》以及其他有关出版物填写或提交。历史意义的描述和声明必须达到专业历史学家、建筑历史学家和考古学家接受的标准。提名表是法律文件，是登录的历史财产的历史、建筑、考古数据的参考。有提名权机构要证明提名的文件齐全，技术和专业上正确，提名充分。

j. 物品，是指本质上或者设计或者与特定场景、环境相联系的可移动的，具有功能的、审美的、文化的、历史的或者科学的价值的物质。例如俄亥俄州辛辛那提市的德尔塔女王号轮船，华盛顿哥伦比亚特区石溪墓地的亚当斯纪念物，俄勒冈州砂金挖泥船。

k. 所有权人，是指对财产拥有继承权的个人、合伙人、公司或者公共机构，不包括拥有地役权或者没有继承地产权益（包括租赁保有权）的个人、合伙人、公司或者公共机构。

l. 遗址，是指重要事件的发生地、史前或者历史活动地，或者无论是否竖立、倒塌或者已经消失的建筑或构筑物的坐落地，坐落地本身具有历史或者考古的价值，和现存的建筑物的价值无关。例如，俄克拉荷马州彭萨科拉附近科特克里克战场；俄亥俄州切斯特附近的坟山；内布拉斯加州道尔顿附近泥泉驿站。

m. 州历史保护官员是由州长或者行政首脑或者州立法机构任命的，管理州历史保护项目，包括辨别和提名适合国家登录的财产及其申请的人员。

n. 州历史保护项目，是指为了贯彻执行1966年《国家历史保护法》及其修正案和相关法规，由内务部部长同意，各州设立的历史保护项目。在州向国家登录提名历史财产前要经过内务部部长同意该项目。在1980年12月12日以前生效的，推定已经经过内务部部长同意，除非根据修正案由州决定其他项目取代或者1983年12月12日以后，内务部部长由于该项目存在缺陷不再同意。

o. 州审查委员会，是由美国国家历史、建筑史、历史建筑、史前和历史考古以及其他专业领域的代表人物（包括公民）组成的委员会。州审查委员会审查向国家登录的财产在提交给国家公园管理局前，是否符合标准，如果符合，予以同意，并可以在州作为历史保护项目同意立项。

p. 构筑物，是指由一定形状，互相独立又紧密联系的部分组成的工程，人工建造，往往在工程体量上巨大。例如佛蒙特州万顿附近的万顿顶棚铁路桥；加利福尼亚州圣地亚哥市的老点洛马灯塔；威斯康星州密尔沃基市的北角水塔；威斯康星州绿湾附近的雷伯射电望远镜。

q. 主题群表格呈交，是指向国家登录的财产在提交申请时，相关信息要以明确可辨别的方式提交，这些信息包括相关的历史人物、事件、历史发展的推动力、建筑类型或利用，单个建筑师的推荐、考古遗址或者和某个考古研究特定的问题相关。

r. 提名，是指准备提名申请表（包括地图、照片），技术上和专业上正确和充分表述历史区域、遗址、建筑、构筑物或者物品等符合要求，能够列入国家登录名单。

60.4 评价的标准

标准适用于评估该财产（除非是国际公园管理系统的区域和国家历史地标）是否适合列入国家登录目录。这些标准以文字形式适用各种财产。下列标准在向国家登录提名、国家公园管理局审查提名、是否适合国家登录时使用。进一步解释如何使用标准的指南在相关出版物、标准和指引宣传页以及国家登录管理人观点中体现，这些资料可以申请获得。

国家登录的评价标准

在美国历史、建筑、考古、工程技术和文化等方面的意义，体现在历史区域、遗址、建筑、构筑物和物品上，包括其中的地域、设计、背景、材料、手工艺、感情以及附件的完整性，以及有下列特征之一：

a. 与美国历史的发展走向有重要意义的历史事件相关联；

b. 在历史上与伟大的历史人物的生活相关联；

c. 体现某一类型、某一时期或某种建造方法，具有鲜明特色的作品、某个大师的代表作、具有较高艺术价值的作品、具有群体价值的一般作品；

d. 从中已发现或可能会发现史前或历史上的重要信息。

标准考虑的因素：一般情况下，如果是从原址搬迁过来的历史人物的墓园、出生地、坟墓，宗教机构拥有或者为宗教目的使用的财产，构筑物，以及重建的建筑，在本质上主要以纪念为目的的财产，在50年内产生意义的财产，不能认为适合国家登录。但是，如果是历史区域整体中的一部分，符合下列要求之一，应当认为符合登录条件：

a. 从建筑、艺术或者历史影响角度看，宗教财产有非常重要的意义；

b. 从原址搬迁过来的建筑或构筑物，在建筑价值上有重要意义或者现存的构筑物中与历史人物或事件有最重要的联系；

c. 历史重要人物的出生地或坟墓，已经没有合适的地址或者建筑和他多产的人身直接相关；

d. 历史上有重要影响的人物的墓地或者历史悠远、具有鲜明设计特色、与历史事件相联系的墓园，有重要的意义；

e. 重建建筑，精确地在合适的环境中建造，依据复原的总体设计慎重地呈现，没有其他建筑或构筑物以相同方式存在；

f. 主要为纪念建造的财产，但是在设计、年代、传统或者象征价值，已经赋予它除纪念以外的其他意义；

g. 在50年内获得意义的财产，但是有其他重要价值。

上述情形在国家公园管理局出版的《怎样系列2》《如何评估和提名潜在的历史登录财产》《在50年建筑物如何获得意义》等出版物有详细论述，也可以在历史场所的国家登录分支机构、国家公园管理局、美国内务部获得。

60.5 提名申请表和信息收集

a. 向国家登录提名必须使用标准国家登录表格，这些表格可以向州历史保护官员、参与的联邦机构、国家公园管理局索要。因为存档原因，不接受其他表格、翻拍等形式。

b. 本章所指的信息收集必须根据44 U.S.C.3507规定，要由管理和预算办公室同意和签署的第1024-0018号的许可证。所收集的信息是向国家登录提名的一部分。这些信息被用来评估向国家登录的财产是否符合标准。必须给予回应。

60.6 根据已同意的州历史保护项目由州历史保护官员提名

a. 州历史保护官员负责甄辨别和提名向国家登录的适格财产。提名表格在州历史保护官员监督下准备。州历史保护官员对符合国家登录标准的州范围内的财产准备和提名，进行优先顺序排名。州范围的财产应根据优先顺序排名，进行提名，并且要和已生效的州历史保护规划相一致。

b. 在提名过程中，应当向地方权威的专业人士咨询，并向他们提供提名的通知，尤其是对提名财产的意义的评价以及是否符合国家登录的标准。该通知要求列明给予私人财产所有权人同意或反对的机会。通知将在下面条文中详细规定。

c. 提名程序包括各州以书面形式通知财产所有权人，告知将向州审查委员会提名，除本节 d 条规定的情形之外。财产所有权人的信息在提名通知之前 90 日内，可以从官方土地登记或者税收登记处获得。如果州土地登记或者税收登记没有财产所有权人适合的信息，可以书面通知保管人，请求所有权人同意作为一个可替代的信息来源。

州负责通知已经登记的所有权人。如果有一个以上的所有权人，分别通知每个所有权人。发送书面通知的时间在州审查委员会开会之前至少 30 日不超过 75 日。通知在用语措辞上有不同，但是在内容上要经过国家登录机构同意。通知要给予所有权人至少 30 日不超过 75 日的提交书面意见的时间。在此期间，财产所有权人有机会提出同意提名还是反对提名的书面意见。在州审查委员会开会之前至少 30 日且不超过 75 日内，应当将国家登录机构同意的通知，转交给财产所在地郡县由选举产生的官员负责人（或权力相当的政府机构）以及市行政司法部门。在评估期间，国家登录的提名应该和州历史保护项目一起存档，如果公众需要，可以邮寄复印件或者放在受影响的财产所有权人有合理理由接触到的地方，例如地方图书馆或其他公共地方。这样，在州审查委员会开会之前，有关提名的书面评估已经准备好了。

d. 如果提名涉及的财产的所有权人超过 50 人以上，在州审查委员会开会之前至少 30 日不超过 75 日内，州应当以书面形式通知财产所在地郡县由选举产生的官员负责人（或权力相当的政府机构）以及市行政司法部门。州应该向财产所有权人发送一般书面通知，告知州准备对该财产提名。一般通知在州审查委员会开会之前至少 30 日不超过 75 日之内公布，在此期间，可以书面形式发表意见，为私有财产的所有权人或者历史区域内绝大多数的所有权人发表同意还是反对提名意见的机会。一般通知必须在财产所在地的正常流通的一个或以上的地方报纸上公告。通知的内容需要经过国家登录机构同意。如果一般通知涉及的所有权人超过 50 人，必须在州审查委员会会议前在合适地方，召开公众信息通知会。如果州根据本节 c 条，向每个所有权人发送通知，就不需要发送一般通知。

e. 对于多样资源和主题群表格的提交，在提交的每一个历史区域、遗址、建筑、构筑物和物品根据通知的目的，被认为是独立的提名，根据本节的规定，给私有财产的所有权人发表同意还是反对提名意见的机会。

f. 评估时间在所有财产所有权人和地方主要民选官员以书面形式向州建议，可以延期。

g. 接到通知后，任何持反对意见的所有权人要向州历史保护官员，提交经过公证的声明，声明是提名的私人财产的所有权人或者部分所有权人，反对在国家登录。如果绝大多数所有权人反对，该财产就不能登录。在收到公证的反对意见，州历史保护官员有义务核实是否是绝大多数所有权人反对。如果所有权人的名字并没有在公证的声明中出现，州历史保护官员在确定是否属于绝大多数所有权人反对的情形，要把该所有权人（提名的私有财产的单独或部分所有权人）计算在内。每个财产所有权人都有一票，无论拥有多少财产或者建筑物区分所有权中拥有那一部分财产，也无论该财产在历史区域的地位。

h. 在本节生效之前，已经提名并经过州审查委员会同意在国家登录，州历史保护官员不必再向州审查委员会提交；但是在向国家公园管理局提交提名之前，根据上述规定的程序，要给私有财产的所有权人发表同意还是反对提名意见的机会。

i. 保留

j. 向州审查委员会提交完整的提名表或者准备提名的文件以及该财产意义的评价和在国家登录的适格性文件。州审查委员会应该审查上述文件，并决定该财产是否符合国家登录的标准，向州历史保护官员提出同意或者不同意提名的意见。

k. 如果州审查委员会同意提名，所有的意见已经收到，这时州历史保护官员开始审查，提名是否文件齐全，技术上、专业上和程序上是否正确、完整，如果符合国家登录标准，向历史场所国家登录管理人、国家公园管理局、联邦内务部提交提名。所有收到的意见和公证的反对登录的声明随同提名一起提交。

l. 如果州历史保护官员和州审查委员会对是否符合国家登录标准的意见不一致，历史保护官员可以选择将自己的意见和州审查委员会意见提交给国家登录机构，最终决定是否符合登录标准。州审查委员会的意见可以是会议纪要。如果州审查委员会在会议后45日之内或者财产所在地地方民选主要负责官员、郡县、市的行政分支机构请求，州历史保护官员应当把有争议的提名交给历史场所国家登录管理人（但不是必须要求这样做），管理人进行实质性审查。

m. 根据本节12条复议程序，如果提出请求，州历史保护官员应当向管理人提交提名。

n. 如果私有财产的所有权人或者历史区域或者单个财产有几个所有权人中绝大多数所有权人反对提名，州历史保护官员向管理人提交提名时，只是请求根据本节s条判定是否适格。

o. 如果州历史保护官员认为提名的财产符合登录标准，在提名表第12栏签字，签字意味着：

(1) 符合所有要求的程序；

(2) 提名表有充足的文件支撑；

(3) 提名表在技术和专业上是正确和充分的；

(4) 州历史保护官员认为该财产符合国家登录的标准。

p. 如果州历史保护官员提交提名表时，他不相信该财产符合国家登录的标准，国家公园管理局下发的10-900a表中的续页上签字，解释其观点，签字意味着：

(1) 符合所有要求的程序；

(2) 提名表有充足的文件支撑；

(3) 提名表在技术和专业上是正确和充分的；

q. 提名的财产被认为可以登录，通知由国家登录机构提供，规定在本章第13

节中;

r. 除非管理人不同意提名,已经提起复议或者私有财产所有权人(历史区域中绝大多数所有权人或者共有产权中多数所有权人)的经过公证的反对登录声明(在登录之前管理人已经收到的除外),管理人或者被授权人在接到收据 45 日内,提名应当在国家登录处存档。如果提名在技术上或专业上不充分,予以退回,可以补充和重新提交。如果不符合登录标准,退回时要解释为什么该财产没有符合国家登录标准。

s. 私有财产所有权人(历史区域中绝大多数所有权人或者共有产权中多数所有权人)在登录之前,通过公证的声明表示反对登录,管理人应当审查提名时,除非已经提起复议,在接到收据 45 日内对财产的国家登录适格性进行审查。只有收到公证的声明,表示所有权人不再反对登录的情形下,管理人才对适格的财产进行登录。

t. 任何人或者组织支持或者反对州历史保护官员的提名,在提名过程中,可以请求管理人接受或拒绝提名。请求人必须陈述请求理由,书面请求管理人对提名进行实质性审查。在登录或审查之前,私有财产所有权人反对登录,管理人收到请求后,将会对提名进行实质性审查。

u. 当在国家登录,登记时,州历史保护官员必须通知财产所有权人和地方民选主要负责官员。如果财产所有权人超过 50 人,采用本节 d 规定的一般通知公告,告知在国家登录上的条目,分别通知时,不需要公告一般通知。

v. 如果私有财产所有权人(历史区域中绝大多数所有权人或者共有产权中多数所有权人)反对登录,但是管理人做出该财产适合国家登录的决定,州历史保护官员应该把该决定通知相应的地方民选主要负责官员以及财产所有权人。财产所有权人超过 50 人,采用本节 d 规定的一般通知公告或者分别告知。

w. 如果提名后,州对提名做了重大修改或者重新提名被管理人退回的提名,州历史保护官员应当与以前通知相同的形式,通知受影响的财产权人和地方民选主要负责官员。但是不需要向州审查委员会重新提名。收到意见和反对的公证声明后,与修改的提名或者重新提名一起交给管理人。州历史保护官员也需要保证已经通知受影响的财产权人和地方民选主要负责官员。"重大修改"是指界定的修改或者对提名的重要实质性修改,有可能改变最终结果,但是与该财产是否在国家登录上登记无关。

x. 除非明显违反本节其他条款的规定,如果州历史保护官员认为特殊信息的披露会导致对该财产造成损毁的危险,在提名通知过程中,可以不需要向任何个人或团体告知(除了计划项目的联邦机构、财产所有权人、财产所在地行政司法的主要民选负责人、通过认证的地方历史保护委员会之外)。

y. 联邦所有或者控制的财产的提名表格,向联邦保护官员提交,并由其审查。如果联邦保护官员同意提名,把表格呈交给历史场所国家登录管理人,国家公园管理局、美国内务部。

60.7(已经失效)

60.8(已经失效)

60.9 联邦机构的提名

a. 根据 1966 年《国家历史保护法》(修改),每个联邦机构在内务部部长的建议下，和所涉及的州的历史保护官员合作，对自己机构拥有或者占用的符合国家登录的财产，成立保护项目，落实地点、编制目录，向内务部部长提名。行政命令 11593 第 2 节 a 规定联邦机构对拥有或者占用，明显有资格在国家登录上录入的遗址、历史区域、建筑、物品应当落实地点、编制目录，向内务部部长提名。联邦机构的其他责任详细规定在 1966 年《国家历史保护法》（修改）、行政命令 11593、1969 年《国家环境政策法》、1974 年《考古和历史保护法》以及相关授权和其他立法规定的程序中。

b. 根据 1966 年《国家历史保护法》（修改），提名表格由联邦机构负责人指定的联邦保护官员监督下准备。

c. 在收到州历史保护官员和地方民选负责人的意见 45 天内没有回应，联邦保护官员可以同意提名，把表格呈交给历史场所国家登录管理人，国家公园管理局，美国内务部。如果联邦保护官员认为提名的财产符合登录标准，在提名表第 12 栏签字。签字意味着：

（1）符合所有要求的程序；
（2）提名表有充足的文件支撑；
（3）提名表在技术和专业上是正确和充分的；
（4）联邦保护官员认为该财产符合国家登录的标准。

e. 如果联邦保护官员提交提名表时，他不相信该财产符合国家登录的标准，在国家公园管理局下发的 10-900a 表中的续页上签字，解释其观点，签字意味着：

（1）符合所有要求的程序；
（2）提名表有充足的文件支撑；
（3）提名表在技术和专业上是正确和充分的；

f. 如果州历史保护官员和地方官员负责人不同意提名或者没有州历史保护官员的评价意见，应该在附件上解释，这时同步的提名不能提交，但是根据本节 60.6 条，州可以考虑提名。在考虑同步提名时收到的州的意见已经经过公证的反对声明必须和提名一起提交。

g. 根据 60.13 条，通知由联邦登录机构提供，告知提名的财产将列入国家历史场所登录。

h. 除非管理人不同意提名或者已经提起复议，管理人或者被授权人在接到收据 45 日内，提名应当在国家登录处存档。如果提名在技术上或专业上不充分，予以退回并补充和重新提交。如果不符合登录标准，退回时要解释为什么该财产没有符合国家登录标准。

i. 任何人或者组织支持或者反对联邦保护官员的提名，在提名过程中，可以请求管理人接受或拒绝提名。请求人必须陈述请求理由，书面请求管理人对提名进行实质性审查。在登录之前或者对适格性审查之前，私有财产所有权人反对登录，管理人收到请求后，应当对提名进行实质性审查。

60.10 州和联邦同时提名

a. 鼓励州历史保护官员和联邦保护官员合作，对具有历史、建筑、考古或文化价值的财产落实地点、进行编制目录、评估和提名。联邦机构可以对联邦不享有所有权或者占用的一部分财产进行提名。

b. 如果联邦提名包括的区域，其中坐落的部分，联邦并不拥有所有权或者占用权，但是整个文化资源的一部分，最终提名表要交给州历史保护官员，由他根据60.6条的规定，通知财产所有权人，给私人财产所有权人同意或者反对提名，提交书面意见，并交给州审查委员会评价的机会。

c. 如果州历史保护官员和州审查委员会都同意提名的财产符合国家登录的标准，提名表由州历史保护官员签字，返还给联邦机构启动提名程序。如果州历史保护官员和州审查委员会不同意，提名表返还给联邦机构时，要附上有州历史保护官员和州审查委员会的关于提名是否充分，是否符合国家登录标准的意见。州审查委员会的意见可以是会议纪要。州历史保护官员的签字的观点和评价，是向联邦机构确认：已经履行州提名程序，包括通知的要求。州收到的任何意见包括私人财产所有权人反对录入国家登录的经过公证的声明，都应该呈交给联邦机构。

d. 如果任何私人财产的所有权人（或者历史区域中私人财产的所有权人大多数或者单个财产有多个所有权人中的大多数）通过公证的反对登录的声明，州历史保护官员应该把提名表提交给管理人，请他审查和决定是否符合登录要求。评价、观点和经过公证的反对声明必须随着提名表一起提交。

e. 根据60.6条，如果提名的财产，录入国家登录或者管理人决定适合录入国家登录，由州历史保护官员通知非联邦财产的所有权人。

60.11 提名的要求

a. 任何人或组织呈交完整的国家登录提名表或者请求考虑以前准备好的已经在州或联邦机构登记的提名表，州历史保护官员或者联邦保护官员在60日内予以书面回应。回应包括根据60.4条，在技术上，提名的财产是否有足够的资料支撑，表面上是否符合登录的标准。如果提名权威机构决定提名资料不充分，应当提供决定的原因。

b. 如果收到提名表后，提名的资料不充分，申请人有责任继续提供额外的必需资料。

c. 如果提名表的资料充分，提名的财产表面上符合国家登录的标准，州历史保护官员遵守60.6条关于通知的规定，尽可能早地在州审查委员会会议提出计划。该计划与已经确定的提名优先顺序相一致。如果提名表的资料充分，但是提名的财产表面上不符合国家登录的标准，州历史保护官员不必进行下一步提名程序，除非根据60.12条管理人要求进行。

d. 州历史保护官员在回应中，应该告诉申请人，提名财产在州提名优先顺序的位置以及州审查委员会考虑的大概日期。州历史保护官员在州审查委员会会议之前30日不超过75日，告知州审查委员会会议的时间和地点，同时根据60.6条的要求进行通知。

e. 州审查委员会审查后90日内，州历史保护官员把提名表呈交给国家公园管理局。如果州历史保护官员认为该财产不适合登录，在45日内向申请人提出建议。

f. 如果根据州或者联邦机构的意见，申请人对报名表进行实质性的修改，州历史保护官员或者联邦保护官员把它作为一个新的呈交，重新提名过程要遵守本节的规定。

g. 联邦保护官员应该请求州历史保护官员发表意见,在收到有充分资料支撑的提名表 90 日内书面通知申请人,联邦机构是否提名该财产。除非联邦保护官员认为该财产不适合登录,联邦保护官员应该将有充分资料支撑的提名表递交给国家公园管理局。

60.12 提名复议

a. 任何人或者地方政府认为符合国家登录标准,根据 60.11 条向有权提名的机构请求时,有权提名的机构无论任何理由做出不予提名的决定或者州审查委员会推荐,但是州历史保护官员提名失败,可以向历史登录管理人提起复议〔与 60.6(t)以及 60.9(i)规定的在提名过程中,国家公园管理局审查提名时,向历史登录管理人提起复议在程序上不同〕。在收到复议申请后,审查期限是 45 天,允许申请人提交额外需要审查的文件时,也可以延长 30 天。

b. 复议申请包括以前向州历史保护官员或者联邦保护官员呈交的提名表和文件的复印件,根据本节为什么提起复议的解释以及从州历史保护官员和联邦保护官员的相关的答复。

c. 管理人在收到申请 45 天内向申请人、州历史保护官员或者联邦保护官员书面解释,驳回或者支持申请。如果支持申请:

(1)如果按照 60.6 条或者 60.9 条,已经完成要求的提名程序,管理人应当要求州历史保护官员或者联邦保护官员在 15 日之内向管理人提交申请表,除非州审查委员会、州历史保护官员或者联邦保护官员同时认为不需要提交;

(2)如果提名还没有走完所要求的程序,管理人应当要求州历史保护官员或者联邦保护官员毫不迟延地加快 60.6 条或者 60.9 条要求的提名程序,提交提名申请。

d. 如果管理人根据本节的规定要求州历史保护官员或者联邦保护官员完成和提交提名申请,州历史保护官员或者联邦保护官员应当遵守。内务部部长在历史资源保护方面获得帮助并且在通知所有权人以及其他当事人,经过 30 日评议后,根据自己的判断,有保留是否列入国家登录或者确定该财产是否有资格列入国家登录的权力。

e. 任何人除非已经完成本节规定的程序,不能认为在向管理人提名失败,已经用尽行政救济措施。管理人的行政决定是终局的。

60.13 国家登录和其他国家公园管理局通知的公布

a. 收到申请后,国家公园管理局将在《国家登录》上公布该财产正在被考虑列入国家登录,自公布后有 15 天的评议期。如果有利于保护历史财产,该 15 天可以缩短或者取消。

b. 如果不同意列入国家登录的州计划,国家公园管通知相关的州历史保护官员、联邦保护官员、个人、地方政府,同时将在《国家登录》上公布该通知。

c. 在提名过程中,如果私人财产的所有权人(或者在历史区域中绝大多数所有权人或者共有财产中多数人)反对,管理人决定该财产是否符合国家登录的标准。如果不同意州历史保护项目和历史保护的咨询意见,国家公园管理局应当通知州历史保护官员、联邦保护官员(联邦提名或者同时提名)、个人或地方政府。国家公园管理局将在《国家登录》公布适格登录的决定。

60.14 国家登录上财产的变更和补充

a. 保护区域范围的变化

（1）如果保护区域的范围改变，应当作为一个新的财产重新提名，使用本法规定的表格、标准和程序。如果保护区域扩大，仅仅通知新扩大的领域中的所有权人，在计算是否属于绝大多数时，也只是统计新扩大的领域中的所有权人。如果保护区域缩小，只通知移除保护区域的所有权人。州历史保护官员、联邦保护官员、个人或者地方政府的专业性公正的推荐信，不同意州历史保护计划，应该呈交给国家公园管理局。在该过程中，该财产暂时不从国家登录上剔除。如果管理人或者他（她）的授权人认为推荐和国家登录标准相一致，可以接受这种改变。如果历史保护的范围变化不被接受，原来的保护范围仍然保持。当事人可以根据本法 60.12 和 6015 提起复议。

（2）保护范围发生变化的四个正当理由：在首次提名时存在专业性的错误；丧失历史完整性；发现其他的历史意义；发现新的研究资料需要扩大或缩小已经登录的保护范围。除非新增加的区域发现新的在美国历史、建筑、考古、技术或者文化上的价值，才能够推荐扩大保护范围。只有移除受保护的财产不符合国家登录的评价标准，保护的范围才能缩小。任何改变保护范围的建议在文件中把现在保护范围中的历史资源和建议保护范围中的历史资源详细地以图片的形式展现。

b. 列入国家登录的财产搬迁

（1）只有在没有其他可行性替代保护方案时，列入国家登录的财产才可以搬迁。在搬迁时，应当尽一切努力重建历史感、相似的背景、周围环境。

（2）如果建议搬迁列入国家登录的财产，州历史保护官员、联邦所有或控制的财产的联邦机构、个人或地方政府，不同意州历史保护计划，希望在搬迁过程中和搬迁后仍然列入国家登录，应当在搬迁前向国家公园管理局提交书面文件。文件中包括：

（ⅰ）搬迁的理由；

（ⅱ）对财产历史整体性的影响；

（ⅲ）新的坐落地以及建议的坐落地的整体环境，包括建议的坐落地没有因为迁入的财产对历史或者考古价值的不利影响的证据；

（ⅳ）建议坐落地的照片。

（3）有关新的坐落地的任何建议都要遵循所需要的通知程序，如果是州提名，要经过州审查委员会的同意，遵守正式审查程序。管理人应当遵守必须的提名程序，在收到州历史保护官员或者联邦保护官员文件 45 天之内，要给予及时的回应；如果个人或者地方政府不同意州关于是否搬迁历史财产的项目，管理人在收到个人或者地方政府的书面意见 90 日之内应及时回应。一旦历史财产已经搬迁，州历史保护官员、联邦保护官员、不同意州历史保护项目的个人或者地方政府，应当向管理人呈交下列文件，以便管理人进行审查：

（ⅰ）通知管理人关于历史财产搬迁的日期的信函；

（ⅱ）在新的地址上的历史财产的照片；

（ⅲ）修改的地图，包括 U.S.G.S. 地图；

（ⅳ）对坐落地的四至的语言描述。

管理人在收到文件的 45 天之内及时做出该财产是否保留在国家登录上的决定。如果管理人同意搬迁，除非在搬迁中或者搬迁后，由于无法预见的原因导致该财产的整体性受到破坏，该财产应当保留在国家登录上。如果管理人不同意登录，一旦该财产搬迁，就自动从国家登录上取消。如果一个财产从国家登录上移除，但是州、联邦机构、个人或者地方政府不同意州历史保护项目，由于疏忽之前同意搬迁或者发现新的以前没有认识到的价值的证据或者获得增值，可以重新向管理人提名。

（4）历史财产一旦搬迁，除非在搬迁之前遵守上面的程序，自动从国家登录上剔除。如果历史财产已经搬迁，提名财产的州、联邦机构、个人或者地方政府有义务通知国家公园管理局。如果州、联邦机构、个人或者地方政府希望该财产重新出现在国家登录上，必须填写新表格，再一次提名：

（ⅰ）搬迁的理由；

（ⅱ）对财产的历史整体性的影响；

（ⅲ）新的坐落地和周围环境，包括新的坐落地没有因为搬迁的财产对历史或者考古价值有不利影响的证据。

另外，新照片、占地面积、对四至的语言描述和显示在新坐落地的 U.S.G.S 地图上的立体图必须和修改的提名一起提交。任何由州提交的提名必须经过州审查委员会同意。

（5）财产搬迁的方式与本法规定和历史保护咨询委员会的建议一致，可以不遵守本法 60.12（b）条的规定。根据咨询委员会的程序，搬迁财产应该在每个同意备忘录上单独列出。在这种情况下，州历史保护官员或者联邦保护官员，对联邦所有或者控制的财产，应该在搬迁后通知管理人新坐落地以及上述要求的新文件。

60.15　从国家登录上剔名

（a）从国家登录剔名的理由如下：

（1）因为列入国家登录的品质已经丢失或者破坏，或者在提名之后列入之前失去，该财产已经不符合国家登录的标准；

（2）其他信息表明该财产不符合国家登录的评估标准；

（3）关于是否符合评估标准在专业判断上有错误；

（4）在提名或者登录过程中由于偏见，程序错误。由于程序错误，从国家登录剔名的财产，在原提名的州历史保护官员、联邦保护官员、个人、地方政府或者在合适时由管理人纠正错误后，管理人应当重新考虑列入国家登录。在重新考虑登录时，仍然要遵循提名程序。由于在提名或者登录过程中程序有瑕疵，任何从国家登录中剔名的财产或者历史区域都自动被认为适合在国家登录中列入，将在《国家登录》上公布。

（b）在 1980 年 12 月 13 日之前列入在国家登录的财产，只有符合本节（a）（1）款的理由时，才可以从国家登录中剔名。

（c）任何个人或者组织都可以根据本节（a）款的理由书面申请某一个历史财产从国家登录中剔名。由于所有权人反对，历史财产被归为适合国家登录，任何人可以适用本程序请求重新考虑该财产是否符合评估标准。向管理人申请剔名的申请，州提名的由州历史保护官员提出，联邦提名的由联邦保护官员提出，不同意州历史保护项目的个人或者地方政府直接向管理人提出。

(d) 不同意州历史保护项目的个人或者地方政府的申请应该包括财产所有权人的名单。管理人应当通知受影响的财产所有权人和地方选举产生的负责人,给他们评议的机会。同意州历史保护项目,州历史保护官员在提交"剔名申请"之前应当通知受影响的财产所有权人和地方选举产生的负责人,给他们评议的机会。在进一步向国家公园管理局申请前,联邦保护官员应当通知和获得适合的州历史保护官员的意见。所有的评议和意见随同申请一起提交。

(e) 州历史保护官员或者联邦保护官员在收到从国家登录中剔名的申请45日之内做出回应。回应应当告知州历史保护官员或者联邦保护官员对申请的看法。

(f) 坚持剔名请求的申请人在45日之内,应当书面告知州历史保护官员或者联邦保护官员对申请的意见。

(g) 州历史保护官员可以选择依据州提名程序考虑一个历史财产从国家登录中剔除,除非该申请有程序的理由。而且应该完成60.6条规定的通知程序,尽快安排提交给州审查委员会考虑。或者州历史保护官员可以选择不用提交给州审查委员会考虑,直接将"剔名申请"提交给管理人。

(h) 在收到申请人坚持剔名请求15日内,州历史保护官员应当书面通知申请人州审查委员会考虑的具体日期或者完成通知程序后直接提交给管理人。州历史保护官员应当在完成通知程序或者适当情况下州审查委员会考虑已经完成15日之内把申请提交给管理人进行审查。

(i) 在收到申请人坚持自己申请的通知15日之内,联邦保护官员应当把申请以及自己的意见和州历史保护官员的意见提交给管理人。

(j) 管理人在接到剔名申请45日之内做出回应,除非管理人需要通知所有权人和地方选举产生的负责人,在这种情况下,管理人应当在90日之内做出回应。管理人应当通知申请人、州历史保护官员或者联邦保护官员、不同意州历史保护项目的个人或者地方政府。转交申请的州历史保护官员或者联邦保护官员应当将书面决定通知申请人、所有权人、选举产生的地方政府官员。管理人将通知不同意州历史保护项目的申请的个人或者地方政府。所有权人超过50人的,使用公告形式,应该在提名地区的一个或者一个以上的地方报纸上循环公布。

(k) 管理人可以根据本节(a)款的理由把一个历史财产从国家登录中剔名。除非在1980年12月13日之前列入在国家登录的财产,只有符合本节(a)(1)款的理由时,才可以从国家登录中剔名。在这种情况下,管理人通知提议的政府机关、受影响的所有权人、选举产生的地方政府官员,给他们评议的机会。一旦剔名,管理人应当把关于剔名的基本情况通知提名的政府机关。州历史保护官员、联邦保护官员、提议的个人或者地方政府应当把该通知,下发给所有权人、选举产生的地方主要负责官员。

(i) 关于历史财产从国家登录上剔名,除非管理人根据本节拒绝关于剔名的请求,任何人不能认为已经用尽了行政救济措施。

附录 2　纽约《城市地标法》

（收录于《纽约市行政条例（新版）》第三编地标建筑与历史区域的保护第三章地标建筑的保护与历史区域）（第 25-301 条至第 25-322 条）

§25-301　制定公共政策的目的与宣告公共政策

a. 纽约城市理事会认识到许多具有特质或者特别历史意义和审美价值的建筑遗产（按本文件定义）与景观（按本文件定义），以及许多代表这座城市某些特定时代的优秀建筑遗产，都已经被拆毁；但是拆毁时，却没有考虑保留这些建筑和继续使用并修缮它们和景观的可能性，也没有考虑将会给市民带来无法挽回的损失，这些损失包括建筑和景观带来的审美、文化及历史价值的流失。此外，如果历史保护工作不具有可行性和必须性，就会造成有特色的历史区域将被夷为平地或者它们独一无二的特质将被破坏。而如果城市历史和建筑遗产被无视或损坏，这座城市作为世界旅游胜地和世界商业、文化和政治中心的地位是无法得到维护或提升的。

b. 因此，本法的公共政策是保护、加固、保存或使用具有独特历史或审美价值的建筑和景观，对公众而言是必须的，且符合人民的健康、繁荣、安全和福利等利益。本章节的主要目的是：（a）保护、加固、保存建筑和景观和反映城市文化、社会、经济、政治、建筑史特色的地区；（b）保护建筑、景观与历史区域所体现的城市历史、审美、文化遗产；（c）稳定并提高历史区域的房地产价值；（d）培养市民对过去的美好和优秀人类成果的自豪感；（e）保护和提升城市旅游景点对游客的吸引力，借此促进商业和工业发展；（f）加强城市经济；（g）提升历史区域，地标，内部地标和风景地标的寓教于乐的价值，提升人们的幸福感。

§25-302　定义

本章所使用的术语的含义如下：

a. "改建"，城市建筑准则定义为改建的任何行为。

b. "合理保护的利益"，任何一个建筑整体或部分上的权利或者利益，包括但不仅限于符合本章节条例的建筑所有权获得的费用、委员会认为必须由城市收购的风景胜地及其他地役权。

c. "可获得合理报酬的能力"，在合理效率和深思熟虑的管理下，可获得合理报酬的能力。本章所指的年净回报（在下面条文界定）：（a）第五部分第三节中，指某一建筑在测试年产生的利益；（b）在相同条文中，由于委员会缺乏实质性的理由做出相反决定，通过该建筑获得利益的能力。

c-1. "主席"，指地标保护委员会主席。

d. "城市资助项目"，任何房地产的修缮，包括：

（1）未经一位或多位城市官员或机构允许，不得进行此项目或者影响该项目；

（2）建筑建成时，全部或部分建筑属于私人所有而不属于城市；

（3）计划建造或影响该项目，全部和部分使用任何形式的城市资助（除本章规定的以外），包括但不仅限于任何借贷、拨款、津贴和其他形式的财务补助、城市土地征用权、城市建筑的捐款或税收减免和退税政策；

（4）涉及建造、重建、改建或拆毁任何历史区域的建筑或地标建筑。

e."委员会"指地标保护委员会

f."一天"指除去周六、周日和法定假日的任何一天。然而，就 25-303 节和本章 d 部分 25-317 段所指，"一天"指一周中的任何一天。

f-1."授予称号报告"根据本章定义，指由委员会出具的报告，是授予地标和历史地区的称号的基础。

g."外部建筑特征"指建筑风格、设计、格局和外墙组成部分，与内墙不同，包括但不限于建筑材料的品类、风格和材质以及所有窗户、门、照明设施、标志和其他附属物的种类和样式。

h."历史区域"指符合以下条件的任何区域

（1）拥有的建筑遗产具有以下特点：

（a）有特色或特殊历史和审美价值；

（b）在城市历史中代表一个或多个时代的建筑风格；

（c）由于上述特征，构成本市一个独特的区域；

（2）根据本章条款，被授予历史区域称号。

i."建筑遗产"，指任何建筑、结构、场所、提升房产品质的艺术作品或其他物品或者提升房产品质的一部分。

j."房地产"，指：（1）包括已修缮的建筑与该建筑下的土地；（2）为征收房地产税，"建筑整体"包括未开发的土地。

k."内部"，建筑内部的可视表面。

l."内部建筑特征"，建筑风格、设计、格局和内部组成部分，包括但不限于建筑遗产的建筑材料的品类、风格和材质以及所有窗户、门、照明设施、标志和其他附属物的种类和样式。

m."内部地标"，指具有 30 年以上历史的建筑内部或部分结构，对公众开放或可邀请公众进行参观，具有特殊历史和审美价值的建筑，构成本市、州和国家的发展、遗产保护、文化特色的一部分，根据本章的条款授予内部地标称号。

n."地标"，指具有 30 年以上历史的建筑或其一部分，具有特殊风格、特殊历史和审美价值，构成本市、州和国家的发展、遗产保护、文化特色的一部分，根据本章的条款授予地标称号。

o."地标坐落地"，指一个地标和毗邻建筑坐落的地方，被认为构成地标的一部分，根据本章的条款授予地标坐落地称号。

p."景观特色"指任何斜坡、水体、水流、岩石、植被、灌木、树木、小径、步道、行道、广场、喷泉、雕塑和其他形式的自然或人工景观。

q."小型施工"指改变、增加或移动建筑的结构、元素或者材料，包括但不限于外部建筑特征或内部建筑特征，按照委员会规定并根据本章 25-319 条款，粉刷外层、再涂层、油漆、修复、翻新、改造外部或内部建筑特征或使用的方法实质改变外观。如果这种改变、增加、移动不属于普通修复和维护，在法律上是允许的，不必获得建筑部门的许可。

q-1. "违规"，指"再次违规"中的违规行为，违反部分或所有之前的警告或传讯。本定义的前提是再次违规中所包含的条件已经存在，并且在再次违规提醒发出时，负责人承认应当负责或必须为所犯的过错负责。

r. "普通修复和维护"指任何

（1）在任何建筑上的施工；

（2）更换建筑上的任何部分。

依据法律，如果施工或更换的目的与效果是为了防止建筑腐坏、损伤，并尽最大可能将建筑遗产修复至损坏之前的原样，不需要经过建筑部门的允许。

s. "所有权人"指拥有建筑的权利或利益的任何个人或团体，按照法律规定，在获得对该建筑拥有建筑管辖权的城市理事会的允许和批准后，才可进行拆毁、建造、重建、改建和其他工程，且需按照本章 25-309 条款，获得委员会授权或批准。

t. "负责人"，指拥有建筑遗产和房地产的所有权人，或者房产的出租人、抵押人、买主、租赁代理人、接收人、执行人、委托人、贷借人、中介，或其他直接或间接控制建筑遗产和房地产的人。

u. "受保护的建筑特征"，指任何地标外部建筑特征或任何内部地标内部建筑特征。

v. "合理利润"指：

（1）一个房地产的估价 6% 年净返利。

（2）以上估价必须是基于城市的目前估价，自提交"适当证书"申请起，前提是：

（a）委员会可决定，在提交"适当证书"时房地产估价，与当前估价有效之前最近的下一年之前的估价是否不同；

（b）委员会可以决定在 1958 年 3 月 15 日至提出申请期间的房地产估价是否公平合理，按照正常财务条款并按照确定的价格，且不受到特殊情况的影响，这些特殊情况包括但不限于强买强卖、产权交易、一揽子交易、虚假抛售、销售合作。

确定房地产销售是否按照合理的财务条款执行的标准时委员会必须考虑以下因素：

（ⅰ）卖方收到现金支付的比率：房地产的销售价格，房地产的年总收入；

（ⅱ）作为房地产的留置权的未支付按揭总额（包括购买财产抵押）与房地产估价相比；

（ⅲ）房地产的销售价格与房地产的年总收入的比例，由居住性租赁和以往既定的租赁调整总额决定，不包括空间、服务、家居、摆设、设备、主要改良性资本支出和实质修缮等费用；

（ⅳ）购买财产抵押中的递延摊销或此类抵押的折扣；

（ⅴ）委员会判断，可能与财务问题有关的任何与销售相关的事实和情况。

（3）第五部分：

（a）年净返利，房地产的已获收益在测试年超出本年建筑运营费用，除去按揭利息和折损、废弃补贴、保存补贴，但是包括房地产2%估价的折旧补贴，不包括土地或者最新要求的联邦收入税申报中显示的建筑遗产折旧额度，取两者中较低的额度。然而，如果是由于联邦收入税收和所有权人的建筑遗产的账面价值完全折旧时，建筑遗产的折旧补贴将不包括在内。

（b）测试年，指①一整个日历年；②所有权人最近的财政年；③12个连续月提出文件之前的90天内；ⓐ文件包括申请执照，ⓑ根据本章25-309的部分申请续签税收优惠，具体情况具体解决。

w. "风景地标"，有30或30年以上历史的景观或总体景观，作为本市、州、国家的发展、遗产、文化特征的一部分，并且拥有独特性和特殊历史、审美价值，按照本章授予"风景地标"的称号。

x. 25-317.1部分术语解释如下：

（1）"A类违规"，除根据委员会章程的规定外，违反本章规定，未经委员会许可的以下工程、施工、维修，包括：

（a）移除、改变大部分外部建筑特色（不包括油漆），包括但不限于移除、改变：

（ⅰ）单面外墙的窗户或在建筑遗产上先前装窗户的位置，移除、改变单面墙体上以前、历史的特殊窗户；

（ⅱ）由金属、玻璃、木头、砖块、陶瓷或石头材质的装饰性元素，包括但不限于飞檐、楣石、格栅或嵌线等；

（ⅲ）铺设路石和石子路边石；

（ⅳ）外部门廊或游廊；

（ⅴ）墙壁、栅栏、栏杆、门廊、阳台、屋顶包括天窗、隔间、山形墙和女儿墙；

（ⅵ）店面，包括但不限于安装标志、雨篷、旗杆和旗帜；

（b）移除或改变大部分受保护的在授予称号的报告中提及的内部地标；

（c）在地标坐落地或历史区域的边界，建造一个完整的或部分的新建筑、结构，对任何建筑遗产的添加，除上文提到的主要建筑变更外，任何改变现存主体结构或建筑外层的行为都是违规行为；

（d）由于铺设或其他建造构成地标或历史区域特色部分的道路、植被、前院、后院、旁边的院子，而消除这些特色的行为；

（e）如果建筑遗产既不是一座建筑也并非内部地标，移动或改变此类建筑的具有价值的部分；

（f）根据限制性声明条款（该条款与在委员会管辖内的建筑遗产的区域规划许可、执照或授权相关），未向委员会递交任何周期性勘测报告。

（2）"B类违规"，除非委员会章程中另有定义，这里指违反本章25-311条款，未能维护建筑遗产，使之处于良好状态，导致或可能导致建筑遗产的严重损毁或受保护建筑遗产的特征和建筑特色的严重损毁。

（a）根据本条款定义（不限于本条规定的范围），"严重损毁"指未能维护达到以下要求：

（ⅰ）建筑结构处于完好状态或者处于防水侵蚀状态；

（ⅱ）受保护建筑特色和建筑特征处于完好状态或者处于防水侵蚀状态，或者未能保护具有该特征的历史材料的完整性；

（b）根据本条款的定义，"严重损毁"不包括：

（ⅰ）任何产生漏水或轻微结构损毁的情况，除非这种情况已经存在一段时间，并导致或可能导致严重漏水或结构损毁，因而对墙面或屋顶的主要部分产生损毁；

（ⅱ）未能维护作为整体的受保护建筑遗产的小部分、单一的建筑特色。

（3）"C类违规"指除25-311条款，所有本章中规定的其他违规行为。

§25-303 地标、地标坐落地、内部地标、景观地标和历史区域

a. 为了进一步保护、保存、提升、使用地标、内部地标、景观地标和历史区域，委员会在公众听证会之后有以下权力：

（1）具有授予地标称号权，根据本条款，为实施本法，编制地标目录，作为授予地标称号的补充，详细描述综合特征和坐落地点；

（2）具有授予内部地标称号权，为实施本法，编制内部地标目录（不包括作为宗教礼拜的区域），作为授予内部地标称号的补充，详细描述综合特征和坐落地点；

（3）具有授予景观地标称号权，为实施本法，编制坐落于本市财产上的景观地标目录，作为授予景观地标称号的补充，详细描述综合特征和坐落地点；

（4）具有授予历史区域称号权，确定历史区域边界和位置，为实施本法，有权确定历史区域边界和位置的变化，授予增加的历史区域地点和边界相应称号。

b. 在举办公众听证会后，委员会的责任为每个地标确定地标坐落地并为该地标坐落地确定四至。

c. 委员会有权在举办公众听证会之后，根据本条款a项和b项修改授予称号。

d. 委员会有权在举办公众听证会之后，无论授予称号之时或以后，根据25-318条款的规定，对其授予称号的景观地标上建造、重建、改变、损毁任何景观特征的行为性质，直接定性，不用出具报告。委员会有权在举办公众听证会之后根据本章条款，修正任何上述行为的定性。

e. 根据本条款g和h，委员会根据本部分a、b、c的条款做出的任何授予称号行为和修改授予称号，自委员会确认当天起即有效。

f. 在授予某一建筑地标称号或某一地段历史区域称号或者修改称号后10天之内，地标保护委员会应向纽约城市理事会、建筑行政部门、城市规划委员会、标准和上诉委员会、消防部、健康和精神卫生部等每个部门提交一份同样的副本文件。

g. （1）在委员会提交副本文件的60天之内，城市规划委员会应当：（a）举行在授予称号的历史区域的公众听证会；（b）向城市理事会递交关于授予称号的报告，是否授予建筑遗产、地标、内部地标、景观地标和地标坐落地称号或者授予称号的修改，涉及区域规划、公众建筑项目，任何与相关区域的开发、发展和更新的规划。城市规划委员会应当提交建议（如果有的话），为城市理事会关于历史区域授予称号做进一步行动提供参考。

（2）城市理事会在递交报告120天内，通过绝大多数的投票修改或否认委员会的任何授予称号或修正行为，前提是城市规划委员会已经递交本章要求的报告或者自授予称

号和修正申请后的 60 天后递交报告。所有城市理事会的投票根据本章规定，应当经市长由议会提出且作为最终结果，除非市长在 5 天内提出反对申请。任何市长方面的反对应当由市长和城市理事会提出，在 10 天内由三分之二以上的城市理事会投票来决定最终结果。如果城市理事会反对授予称号和修正，则这些授予称号和修正在市长否决前仍然有效。然而，如果市长反对城市理事会的否决决定，这些授予称号和修正在城市理事会否决市长的否决决定之前仍然有效。如果城市理事会要改变这些委任和修正，委员会授予称号和修正在市长否决失效之前仍然有效，在这之后，更改会生效。然而，如果市长反对城市理事会所做的变更，这些授予称号和修正在议会否决市长的反对决定之前仍然有效，且反对变更决定在反对日期后有效。

h.（1）委员会有权在公众听证会后采取措施，提出部分或全部取消任何之前根据本部分的条款中的授予称号及其修正或更改。在采取措施的 10 天之内，委员会应当向城市理事会和城市规划委员会提交文件副本。

（2）在提交文件副本后的 60 天内，城市规划委员会应当向城市理事会递交有关撤销历史区域、地标、内部地标、景观地标、地标坐落地等授予称号，是否涉及修正和变更区域规划、公众建筑项目，相关区域的开发、发展和更新的报告。

（3）城市理事会可以在上述报告提交后的 120 天内支持、反对、更改委员会提出的撤销决定，前提是城市规划委员会提交本章要求的报告或提交申请后已过 60 天。未能在 120 天内对取消行动采取行动的应当进行投票来反对撤销决议。所有根据本章条款进行的城市理事会投票应当经市长由议会提出并作为最终结果，除非市长在 5 天内进行反对。任何市长的反对应当在 10 天内由市长经城市理事会提出。如果提出的取消意见被城市理事会批准或更改，在市长否决意见生效之前仍然有效。然而，如果市长否认取消和变更的决议，除非议会否决市长的反对意见，否则不会生效。

i. 委员会可在任何时间向城市规划委员会建议有关在历史区域的建筑的规划方案的修改。

j. 所有根据本章条款做出的授予地标、地标坐落地、内部地标、景观地标和历史区域称号和增加授予称号，应当根据 25-313 部分，听取公众听证会意见。除以上意见以外，在授予称号的公众听证会举办之前，委员会应当通知城市规划委员会、所有相关社区委员会和该建筑坐落地的区域主席办公室。

k. 授予地标、地标坐落地、内部地标、景观地标、历史区域称号和撤销授予称号或者修改授予称号后，委员会应当在纽约市档案或在内部地标、地标、景观地标或历史区域所处的区县内进行记录或在建筑档案管理办公室内进行记录。有关授予称号、授予称号的修改和撤销，应通知建筑档案管理办公室，在建筑地图、街区编号或税收地图、土地地图（所有其他区县情况下）予以记录。

§25-304　委员会的权限

a. 本章所有条款未授权委员会有对历史区域和建筑遗产制定规章或者实施规章中有关以下行为：控制或限定建筑群高度、建筑容积、庭院面积和其他敞开区域的面积，控制人口密度，管理和限制商业和工业地点、为特殊目的或划分区域而设计的建筑地点。

b. 除本条款规定外，委员会的权利、职责或职能是依据本章规定，对有关历史区域的建筑遗产、地标坐落地或内部地标或任何景观地标的建造、重建、改动、损毁、使用，进行监管。可以根据其他条款，制定上述行为的更为严格的标准。

§25-305　建造、重建、改动、损毁的规定

a.（1）除本条款第二段规定外，任何对地标坐落地和坐落于历史区域的整体建筑或部分建筑以及拥有内部地标的建筑的负责人对该建筑进行改动、重建、损毁的行为都是不合法的，除非获得委员会之前颁发的"对保护的建筑外观无影响证书""适当证书"或授权通知。任何人除非获得委员会颁发的证书或通知，进行上述行为或导致上述行为的发生都是非法的。

（2）本条款 a 第一段并不适用于任何在本章分支 a 中的 25-318 部分提及的建筑遗产，或其他任何城市资助的项目以及与本章 25-312 部分条款有关的规定。

（3）本条款 a 第一段中提及的建筑遗产和土地负责人维持或导致、允许任何违反本条款的行为以及后续行为都是违法的。

b. 除本章 25-318 条款规定的建筑遗产和城市资助工程之外，按照规划区域解决方案第七条的要求，应得到城市规划委员会或标准董事会的许可对在地标坐落地或历史区域的建筑或包含内部地标的建筑的新建、重建、改动、损毁的行为，除非获得委员会颁发的"对保护的建筑外观无影响证书""适当证书"或授权通知，该行为的申请予以驳回，不得颁发许可或修正许可。

c.（1）每一份有关新建、重建、改动和损毁地标坐落地和历史区域的建筑遗产或含有内部地标的建筑遗产的申请或修正申请，自递交建筑部门之日起，申请人都应向委员会提交一份申请副本。依据规划区域解决方案的第七条款规定的特殊许可的新建、重建、改动任何建筑遗产，在递交城市规划委员会和标准董事会的申请或修改申请时，应向委员会提交一份申请副本。

（2）提交给委员会的每一份申请和修改申请应当包括工程的计划和涉及工作的特殊说明，或其他按照建筑法典被建筑部门接受的该工程的说明。当委员会需要了解其他信息时，申请人应当向委员会提供。

（3）除提交上述申请和修改申请之外，申请人应向委员会申请颁发"对保护的建筑外观无影响证书"或者"适当证书"。

§25-306　"对保护的建筑外观无影响证书"的申请

a.（1）在任何情况下，申请新建、重建、改动、损毁任何地标坐落地上或历史区域中的建筑，或者包含内部地标的建筑或依据规划区域解决方案的第七条款规定向城市规划委员会和标准董事会申请或修改事情特殊许可，同时申请"对保护的建筑外观无影响证书"，委员会可以决定：（a）申请的工程是否改变、毁灭、影响任何地标坐落地上及历史区域的建筑遗产外部建筑特征或内部地标的内部建筑特征；（b）对于新建工程，委员会认为该工程影响或与周围建筑外观不协调，可以授予此证书，否则驳回申请。

（2）在提交申请后的 30 天内，委员会应当颁发证书或者发出驳回申请的通知。在拒绝申请人的申请之后，若申请人提出书面异议申请，委员会应当与申请人进行详细商讨。委员会应当就此情况，决定在申请人提出申请后的 30 天内给出答复。若申请人在

接到否决申请通知后的 10 天之内未提出异议，委员会将在 10 天申请期过后的 5 天内做出决定。

（3）若申请人申请证书的请求遭到拒绝，申请人可以向委员会提出有关申请特殊建筑工程的适当证书。

§25-307　影响发放适当证书的几个因素

a. 申请新建、重建、改动、损毁地标坐落地或历史区域的建筑或包含内部地标的建筑的同时应当向委员会提交适当证书的申请。依据本章 25-306 条款，如果申请"对保护的建筑外观无影响证书"被驳回，申请人应当申请适当证书。委员会应当决定所提议工程是否符合或执行本章的规定。如果委员会认为符合本章的目的，应当发放适当证书。若委员会认为不符合，则驳回申请，除了本章 25-309 中规定的事项之外。

b.（1）在做出许可新建、重建、改变、损毁历史区域的建筑的决定时，委员会应当考虑：（a）当该工程完工后，对建筑外部特征的新增、改变、破坏或影响；（b）该项工程的结果和该地区周围建筑遗产的外部建筑特征是否协调。

（2）在决定是否协调这一点上，委员会应当考虑其他相关事务、审美因素、历史和建筑价值、建筑风格、设计、结构、质地、材料和颜色。

（3）委员会根据本条款 b 所做的决定，依据本章 25-304 条款，无权控制或限定建筑群高度、建筑容积、庭院面积和其他敞开区域的面积，控制人口密度，管理和限制商业和工业地点、为特殊目的或划分区域而设计的建筑地点。然而，25-304 条款以及本条款 b 中的规定不能作为限制委员会驳回申请拆毁或改动在历史区域的建筑的适当证书（无论该申请同时是否申请新建或重建建筑遗产的许可）的权力的依据，因为在充分考虑本条款 b 所列因素后，拆毁或者改动建筑遗产与本章的立法目的不符。

c. 对任何新建、重建、改动和损毁任何地标坐落地上的建筑（除地标外）的申请，委员会应当考虑：（1）当该工程完工后，对建筑外部特征的新增、改变、破坏或影响；（2）该项工程的结果和该地区周围建筑遗产的外部建筑特征是否协调；（3）该工程在保护、提升、延续和使用在该地点上的地标的效果。在评定效果及是否协调时，委员会应当考虑在本条款 b 中规定的影响因素。

d. 对于申请许可改变、重建、损毁地标，委员会在决定颁发本条款 a 规定的证书时，应当考虑提议工程对保护、提升、延续和使用该地标的外部建筑特征（这些特征使该地标具有特色和特殊的历史、审美价值）的影响效果。

e. 对于申请许可改变、重建、损毁包含内部地标的建筑，委员会在决定颁发本条款 a 规定的证书时，应当考虑提议工程对保护、提升、延续和使用该内部地标的内部建筑特征（这些特征使该内部地标具有特色和特殊的历史、审美价值）的影响效果。

§25-308　适当证书的程序

委员会应当为每一个适当证书的申请举行公众听证会。

除本章 25-309 部分的条款外，委员会需在提交申请后 90 天内做出决定。

§25-309　申请基于无合理利润，授权损毁、改变和重建的适当证书。

a.（1）除本条款 a 第二段中的情况之外，申请人向委员会提交拆毁地标坐落地的建筑和历史区域的建筑，包含内部地标的建筑的申请，同时申请授权损毁的适当证书；

在申请改动或重建任何地标坐落地上的建筑遗产或包含内部地标的建筑时，同时申请此类工程的适当证书。并且申请人应满足委员会以下条件：

(a) 自申请提交之日，整体建筑遗产（包括建筑）不能获得合理利润的事实就已经存在。

(b) 建筑遗产的所有权人：

(1) 申请拆毁，善意的拆毁，目的是：(a) 在原址上合理迅速修建新大楼或其他带来收入的设施，(b) 终止运营建筑遗产带来的损失；

(2) 申请改动或重建建筑遗产，善意的改动或重建，并采取合理迅速的行动，其目的是增加利润；依据本章 25-307 条款的规定，委员会如果驳回该申请，应当在提出适当证书申请后的 90 天内，做出无合理利润的初步决议。

(2) 在本条款 a 第一段中提到向委员会提交的申请和适当证书的申请，如果整体建筑（包括建筑）在提交申请后的三年内或在提交申请时根据法律规章（除本章或房产税法第 458 条、第 460 条或第 479 条规定外），部分或全部减免税收，则本条款不适用上述申请；但是根据房产税法第 420-a 条、第 420 条、第 424 条、第 425 条、第 425 条、第 427 条、第 428 条、第 430 条、第 432 条、第 434 条、第 436 条、第 438 条、第 440 条、第 442 条、第 444 条、第 450 条、第 452 条、第 462 条、第 464 条、第 468 条、第 470 条、第 472 条、第 474 条的规定享受或者已经享受税收减免，申请者应当按照本条款 a 中的要求，向委员会提出申请。

(a) 建筑遗产的所有权人签订了公平合理的协议，同意出售不动产或出租至少 20 年整体建筑的使用权，该协议必须获得适当证书或可以继续交易通知书后方才有效。

(b) 整体建筑包括在申请时即已经存在的建筑遗产，如果不能部分或全部获得房地产税收减免，则不能获得合理利润。

(c) 此类建筑遗产已经不能够充分、适合或适当地利用，不能服务于以下目的：建筑遗产的所有权人使用该建筑的目的；该建筑以前需要使用的目的，而且所有权人也不再追求此目的。

(d) 潜在的购买人或租赁者。

(1) 在申请拆毁许可时，其目的是善意的，或者是拆毁建筑遗产，在原址上立即建造，或者合理时间迅速建造一座新建筑；

(2) 在申请改动或重建的许可时，其目的是善意的，在合理时间迅速改动或重建。

b. 根据本条款 a 第一段提出的申请，不需要符合该条款第二段的相关规定，根据本条款 a 第一段做出初步裁决后，能迅速实施，委员会在认为必要时，可请相关专家帮助，应当尽最大努力与申请者进行磋商，提供建筑遗产的相关方案：(1) 以能够符合本章目的的方法或形式保存或者延续该建筑；(2) 赋予所有权人一定权利，该建筑获得合理利润。

c. 任何此类方案包括但不限于：(1) 给予部分或全额税收豁免；(2) 税收减免；(3) 授权按照符合本章目的的方式，进行改造、建造、重建工作。

d. 在委员会制定此类方案的情况下，委员会应当及时向申请者发出该方案副本，在做出不合理利润的初步决策后的 60 天内通知申请者。委员会应当就此类方案举行公众听证会。

e. (1) 如果委员会在根据本条款 d 举行公众听证会后，认为该税收减免或者税收豁免的方案符合本条款 b 的规定，该方案按照原来的计划没有做出变动或者经过委员会认可做出了必要、合理的修改，委员会应当驳回申请人提出的适当证书的申请，批准原来的方案或者允许修改的方案。

(2) 委员会应对该方案明确指出认为必须的税收减免或税收豁免的额度，以达到相关标准。

(3) 委员会应当及时向申请者邮寄已经认可的有效的该方案的副本，同时将此方案的副本送达税收委员会。如果建筑遗产的所有权人根据条款 e 第五段提出申请，委员会应当在批准申请后的一个财政年内批准税收减免或税收豁免。

(4) 根据委员会制定的规章程序，委员会应当根据建筑遗产所有权人在每一个连续的财政年之前做出的申请来确定税收减免或税收豁免的额度。如果符合本条款 b 提出的标准，委员会应当决定在未来几年延续该方案，应当及时向申请者邮寄已经认可的有效的延续该方案的副本，并且将此方案的延续副本同时送达税收委员会。如果建筑遗产的所有权人根据本条款 e 第五段提出申请，税务委员会应决定在本财政年度内批准授予税收减免或税收豁免。

(5) 根据本条款 e，委员会批准的方案或者延续方案，在下一个财政年度的 1 月 1 日之后该方案中规定的税收优惠才可适用，除非所有权人在下一个财政年的 2 月 1 日至 3 月 15 日之间（包括 2 月 1 日至 3 月 15 日）向税务委员会递交申请，才可享受该财政年度的税收优惠。如果委员会在 1 月 1 日至 6 月 13 日（包括 1 月 1 日至 6 月 13 日）之间批准方案或者延续方案，在下一个财政年度，该方案中规定的税收优惠才可适用；除非所有权人在本财政年的 8 月 1 日之前向税务委员会递交申请，才可享受该财政年度的税收优惠。

f. (1) 委员会在根据本章条款 d 举行公众听证会后，该方案包含全部或部分除税收减免或税收豁免的提议，满足本章条款 b 中的规定，无论此类方案按照原来的计划没有做出变动或者经过委员会做出了必要、合理的修改，委员会应当批准此类方案并及时向申请者邮寄该副本。

(2) 建筑遗产的所有权人应当是本条款 f 第一段规定的方案受益人，有权以书面形式向委员会提出接受或拒绝该方案。如果申请人提出接受该方案，委员会则可以驳回适当证书的申请。如果申请者向建筑部门提出新的许可申请和新的适当证书申请（这些申请符合该方案），委员会应当在提出申请后的 30 天内及时批准适当证书。

(3) 如果此类接受的方案包含税收减免或税收豁免，需根据本条款 e 的第二、三、四、五段落的条款决定是否执行税收减免或税收豁免。

g.

(1) 除申请者需要遵照本条款 a 第二段的规定外，如果：

(a) 委员会未根据本条款 b、c、d 中的规定，在 d 条款规定的时间内制定并邮寄该方案；

(b) 委员会没有按照本条款 e 和 f 的规定，在向申请者邮寄方案后的 60 天内没有批准该方案；

(c) 委员会根据本条款 f 第一段的规定批准的方案，被建筑遗产所有权人根据该条款第二段的规定拒绝，委员会应当在本条款 g（1）（a）和（b）中提及的有效期失效之后的 10 日内或在根据本条款 f 的第二段的规定反对该方案发出 10 日之内，向市长递交书面建议，这份书面建议包括城市能在整体建筑中获得特殊利益，以及有关适当证书的申请。委员会应当及时通知申请者，告知采取的行动。

（2）如果在该建议发出 90 天内或如果没有在该建议规定的日期失效后 90 天内发出该建议，不能采取下列措施：

（a）根据本章第 382 条，给申请人发出通知，为公共利益或任何其他由市长和委员会同意的合理保护的利益征用此财产；

（b）按照建议或之前同意的条款，与整体建筑的所有权人签订合同，获得该利益；代替申请人的适当证书的请求，委员会应当及时批准、签发并送达所有权人，关于继续开工的通知。

h. 没有任何根据本章条款，包含部分或全部税收减免或税收豁免的方案可以被认为是获得委员会的批准，除非该方案同时在本条款规定的委员会批注该方案的时间内获得市长或城市理事会的批准。

i.（1）申请者需要符合本条款 a 第二段的规定。依据本条款 a 第一段的规定做出初步决定 180 天内，委员会独自或认为有必要在相关人员或中介机构的协助下，应当尽力获得与申请者提出的申请相关的整体建筑的购买人或承租人（视具体情况而定）无条件（无意外）同意，同意签发适当证书或继续施工通知，遵守本条款 i 第三段的规定，购买或获得利益是合同中潜在的购房者或承租者所追求的利益是一致的，是申请的基础，是建立在公平合理条款之上的。

（2）申请者应当向委员会通知购买者或承租人的情况（该通知依据本条款 i 第一段的规定在 180 天内有效），通知之后的合理时间内与购买人或承租人签署销售或租赁协议（视具体情况而定）。该通知应当明确该协议的执行日期，该日期可能会由于申请者的要求而被委员会要求延后。

（3）在该协议达成以后，本条款不能适用于上述购买人和承租人或他们/她们的继承人、子孙或指定代理人。

（4）（a）如果依据本条款 a 第一段，委员会在做出初步决定后的 180 天内，根据本条款 i 的第二段仍未成功与整体建筑的购买人或承租人达成协议，或者如果成功与整体建筑的购买人或承租人达成协议，但是上述购买人或承租人未能在本条款 i 第二段所限定的时间内根据第二段的规定达成协议，在本条款 i 第一段提及的 180 天期限失效后的 20 天内或在购买人或承租人达成协议当天之后的 20 天内（以后发生的为准），根据该条款未能达成协议的，委员会应当向市长递交书面建议，这份书面建议包括城市能在整体建筑中获得特殊利益，以及有关适当证书的申请。委员会应当及时通知申请者，告知采取的行动。

（b）如果在此建议发出后的 90 天内或在发送期限过期后的 90 天内没有发出此建议，根据本章 382 条，不能向申请者发出为公共利益征用此类利益或任何其他由市长和委员会同意的合理保护的利益的通知，或者不能与整体建筑的所有权人签订合同以获得由市长和委员会建议和同意的利益；代替申请人的适当证书的请求，委员会应当及时批准、签发并送达所有权人，关于继续开工的通知。

（5）上述通知应当授权申请者在申请的相关整体建筑上进行拆毁、改动、重建，前提是此类工程：（a）依据本条款 a 第二段规定，是由购买人或承租人施工的，或者基于公平合理交易的此购买人或承租人的代理人、继承人、租户或者二手承租人施工的（除去提出申请的所有权人外）；（b）是在签发该通知书后及时开工的。

§25-310 小型工程规定

a.

（1）除本章 25-312 条款的规定外，任何对在地标坐落地之上或历史区域中或包含内部地标的建筑遗产的负责人进行任何小型工程，或者导致或允许任何其他人进行此类小型工程，都是违法的，除非委员会已经依据本章相关条例发出许可，授权进行此类工程。

（2）任何建筑遗产的负责人如果维持或者导致或许可维持违反本条款 a 第一段的工程的状态，都是违法的。

b. 希望获得许可的建筑遗产所有权人或者任何经由建筑遗产所有权人授权进行小型工程的相关人员应当向委员会提交许可申请。该申请包括委员会要求的预计工程的详细描述。申请人应当随时递交委员会认为需要的其他材料。委员会应当及时将该申请递交至建筑部门，依据法律规定，建筑部门应尽可能及时向委员会论证是否颁发许可。如果建筑部门认为颁发许可是必要的，但是委员会认为应该驳回申请，委员会应及时将此决定通知给申请人。如果建筑部门认为不该颁发许可，委员会应当按照下文规定进行决定。

c.

（1）委员会应当决定：

（a）是否申请的工程会改变、破坏、影响任何建于地标坐落地之上或者历史区域内建筑遗产的外部建筑特征，或包含内部地标的建筑遗产的内部历史特征；

（b）如果该工程可能会产生影响，无论是否依据本章 25-307 的 b、c、d、e 条款中制定的相关标准来衡量，该工程应当遵守并贯彻本章的要求。

（2）如果委员会认为本条款 c 中（a）项中涉及的问题是否定的，或者认为本条款 c 中（b）项涉及的问题是肯定的，委员会应当颁发许可；如果委员会认为本条款 c 中（a）项中涉及的问题是肯定的，或者认为本条款 c 中（b）项涉及的问题是否定的，委员会应当拒绝颁发许可。

d. 委员会做出关于任何申请的决定的程序，规定在本章 25-306 条款 a 中的第二段，除非依据该条款 d 的规定，所指的任何 30 天期限应被视作 20 天。

e. 本条款不适用于任何本章 25-318 条款 a 中提及的建筑遗产和任何城市赞助项目。

§25-311 建筑遗产的维护和维修

a. 任何历史区域内或地标坐落地之上的建筑遗产的负责人，都有义务维护建筑遗产，使之处于良好的状态。（1）包括所有该建筑遗产的外部结构；（2）如果不进行维护，包括可能将造成或可能已造成建筑遗产的外部损毁、腐坏、受损或者无法修复。

b. 任何含有内部地标的建筑遗产的负责人，都有义务维护建筑遗产，使之处于良好的状态。（1）此类内部地标的所有部分；（2）如果不进行维护，可能会造成或可能造成内部地标损毁、腐坏、受损或者无法修复。

c. 所有景观地标的负责人都有义务维护建筑遗产，使之处于良好的状态。

d. 本条款适用所有要求建筑遗产维护在良好状态的其他条款的规定。

§25-312 危险状态的改正

a. 建筑部门、消防部门、健康和精神卫生部或任何相关官员和其他部门或者受理法院为了维修危险建筑，以防对人的生命、健康和财产安全造成影响，应当下达命令或者指令，在地标坐落地或历史区域的建筑遗产或者包含内部地标的建筑遗产上，进行新建、重建、改动、损毁行为或者下达命令或者指令，进行任何有关此类建筑遗产的小型工程，本章内的任何条款不得被认为：任何人在没有获得"对保护的建筑外观无影响证书""适当证书"或"小型工程许可"情况下，按照上述命令或者指令从事的行为构成违法。

b. 建筑部门、消防部门、健康和精神卫生部门应当视具体情况而定，就签发或建议签发的命令或指令的相关事宜，尽早通知委员会。

§25-313 公众听证会、会议

a. 委员会应当对本章条款规定或授权举行的公众听证会至少提前10天发布通知，在《城市登录》上予以公布。

委员会应当向所有权人（包括整体建筑之上的地标或提议授予地标称号的建筑遗产或享有其中一部分所有权的所有权人，或者任何地标坐落地之上或包括内部地标或提议授予内部地标称号的建筑遗产的所有权人，或任何包括景观地标或提议授予景观地标称号的所有权人）发送有关该地标、地标坐落地、内部地标或景观地标的授予称号的公众听证会的通知，或任何此类授予称号修正协议的通知，或任何此类授予称号废除或关于废除授予称号的修正协议通知。该通知应当由委员会通过邮件方式，按照所有权人在财政专员办公室记录的最新地址，发送给他们/她们。如果在财政专员办公室，没有此类记录，该通知应当通过普通邮件发送给所有权人的整体建筑或相关建筑所在地的街道地址，收件人署名为"所有权人"。如果委员会未能成功送达该通知，不影响本章规定的有关整体建筑的任何程序步骤的执行。

b. 在公众听证会上，委员会应当为发言者提供陈述现实和发表意见的合理机会，并且对证人和证据进行质证；但是委员会在进行决策时，不局限于在公众听证会上提到的事实、观点、证词或证据。

c. 委员会可以授权任何有权力的个人或者集体主持公众听证会或主持按照本章25-306条款和25-310条款要求召开的会议。

d. 委员会在自由裁量权范围内，认为适合，可以要求申请人向建筑遗产或整体建筑的所有权人，通知召开申请"适当证书"或委员会制定的方案的公众听证会。

申请人应当根据在财政专员办公室记录的所有权人的最新地址，通知所有权人将要举行听证会，或者通知向委员会进行书面申请的相关人员将要举行听证会。申请人可在委员会规定的合理时间内通知相关所有权人和其他人员将要举行听证会。如果申请人未能成功送达或者所有权人未接到该通知，不应影响任何听证会效力或委员会关于许可申请的决定和相关方案的决议。

§25-314　委员会延长执行时间

按照本章条款的规定，当委员会在法定期限内，做出是否授予"对保护的建筑外观无影响证书"或"适当证书"或小型工程的决定或延续行动时，申请人可以通过向委员会递交书面允诺，延长该期限。

§25-315　委员会的决定、通知。

a. 委员会在是否授予"对保护的建筑外观无影响证书""适当证书"或小型工程许可的决定时，应当在决定中，陈述做出该决定的具体理由。

b. 委员会应当及时向申请人通知上述条款涉及的决定或者按照本章 25-309 条款 a 第一段规定做出的无合理利润的初步决定，该通知应当包括决定的复印件。

c. 根据本章 25-304 条款的规定，委员会在授予"对保护的建筑外观无影响证书""适当证书"或小型工程的决定时，为了符合本章的目的，可以在决定中规定将要进行的工程的施工条件，以及委员会的建议。但是本条款不适用任何依据本章 25-309 条款 g 和 i 规定的继续施工的通知。

§25-316　证书和申请送达至相关城市部门

在任何情况下，如果委员会向申请人授予"对保护的建筑外观无影响证书""适当证书"或小型工程许可，申请人已经向建筑部门申请许可时，递交了委员会的申请书复印件，委员会应当将该许可证书或该通知的复印件送达建筑部门；如果申请人依据规划方案第 7 条的规定，向城市规划委员会或标准董事会提交特殊许可的申请，委员会应当将该许可证书或该通知的复印件送达城市规划委员会或标准董事会。

§25-317　刑事责任和处罚

a. 任何人如果违反本章 25-305 条款 a 的规定，或者违反委员会主席根据该规定发出的命令，构成轻微犯罪，处以 5000 美元以上、10000 美元以下的罚金，或者处以一年以下的有期徒刑，或者并处罚金和有期徒刑。

b. 任何人如果违反本章 25-310 条款 a 的规定，或者违反本章 25-311 条款的规定，或者违反委员会主席根据该规定发出的命令的，对于初犯者，处以 5000 美元以上、10000 美元以下的罚金，或者 30 天以下的监禁，或者并处罚金和监禁。对于累犯，处以 2500 美元以上、5000 美元以下的罚金，或者 90 天以下的监禁，或者并处罚金和监禁。

c. 任何人在向委员会申请证书、许可、其他同意或向委员会提交的违反行为已改正的证明时，如果故意进行虚假陈述或者故意隐瞒实质性事实，处以 5000 美元以上、10000 美元以下的罚金，或者 90 天以下的监禁，或者并处罚金和监禁。

d. 根据本条款，如果违反本章 25-305 条款 a 第三段的规定，或者违反本章 25-310 条款 a 第二段的规定，或者违反本章 25-311 条款的规定，或者违反任何由委员会主席根据相关条款发出的命令，每一天的行为都构成单独的违法行为。

§25-317.1　民事处罚

a. 任何人违反本章第 25-305 条款、第 25-310 条款、第 25-311 条款或 25-317 条款 c 的规定，或者违反任何由委员会主席根据相关条款发出的命令的，承担民事赔偿。由本市司法部门主要负责人向有管辖权的法院提起诉讼，要求违法者承担民事赔偿。承担的民事赔偿包括：

（1）如果被告违反以下条款和命令，将要承担民事赔偿，最高赔偿额为整体建筑或者建筑遗产或不包括建筑遗产的公平市场价值中额度最高者。

（a）在地标坐落地之上或历史区域内的建筑遗产全部或者实质上全部被损毁；

（b）进行的工程或者开工或维修极大程度上损坏了在地标坐落地之上或历史区域内的建筑遗产的完整性；

（c）进行的工程或者开工或维修导致毁坏、移动或者极大程度上改变 50％面积以上的地标坐落地之上或历史区域内的建筑遗产的两个外墙（包括界墙和边墙）；

（d）被告未能采取行动，阻止本条款中 a、b、c 项所提及的情况发生。

（2）违反相关条款和命令，进行的工程或者开工和维修导致的毁坏、移动或者极大程度上改变内部地标授予称号报告中提及的被保护特征，被告应当被处以民事赔偿，赔偿额为修复已毁坏、移动或改变的被保护特征的估算费用的两倍。

（3）其他违法行为，被告承担 5000 美元以下的民事赔偿责任。

（4）根据本条规定，违反本章 25-305 条款 a 第三段的规定，或者违反本章 25-310 条款 a 第二段的规定，或者违反本章 25-311 条款 a、b、c 的规定，或者违反委员会主席根据相关条款发出的相关命令，每一天的行为都构成单独的违法行为。

b. 除本章规定的赔偿和处罚或者作为其替代方法之外，任何人违反本章第 25-305 条款、第 25-310 条款、第 25-311 条款，或者第 25-317 条款 c 的规定或违反由委员会主席根据相关条款发出的命令，应当承担民事赔偿责任，此类违法行为可以通过行政程序向行政诉讼和听证办公室、环境管控董事会或其他拥有管辖权的机构提出诉讼。

（1）根据法律适用条款和行政特别法庭程序规则，在违法通知收到回执之前或者按照委员会的规定，违法通知已经送达才可以启动民事处罚的行政程序。违法通知书应当合理描述违法行为或者违法工程的情况。本条款的"合理描述"是指对违法行为或违法工程的情况描述，合理地描述具体情况，足够详细，使一个理性人认识到：①已经进行的或正在进行的工程未获得委员会的合理同意，②开工或维持的状态违反了本章的条款，③未能采取行动，阻止违反本章条款行为的发生。行政特别法庭有权根据本章条款执行民事处罚。执行民事处罚的行政法庭法官可以在法庭上通过民事诉讼或民事程序或者法律适用条款关于形状特别法庭的程序授权受理该案。在发出违法通知之前，委员会主席应当按照委员会条例，当面或者通过邮件向被告发出警告通知。警告通知应当告知被告：委员会主席认为被告违反了本章的条款，相关违法行为或活动的大概情况，警告被告：按照法律规定将要受到相关民事处罚，并给予被告一定的宽限期以改正违法行为或申请许可或者其他解决方法。如果出现以下情况，警告通知书可以在发出违法通知书之前发出：（ⅰ）违法行为已经是再犯；（ⅱ）违法行为是故意的；（ⅲ）根据本章条款的规定，委员会主席试图通过民事处罚阻止施工进行，但是被告未能遵守停止施工命令。

（2）除本章特别规定外，被告因违反本章的规定，在行政程序中，应承担或承认承担法律责任，对其民事处罚按照以下规定进行。

（a）A类违规行为和B类违规行为：

（ⅰ）初犯，被告应处以5000美元以下的罚款；

（ⅱ）再犯，被告应自违法行为被发现或承认违法行为之日起，在违法行为存续期间内，处以每天2500美金以下的罚款。在任何情况下，再犯的罚金不得少于初犯的最高罚金。

（b）C类违规行为：

（ⅰ）初犯，被告应处以5000美元以下的罚款。

（ⅱ）再犯，被告应自违法行为被发现或承认违法行为之日起，在违法行为存续期间内，处以每天50美金以下的罚款。在任何情况下，再犯的罚金不得少于初犯的最高罚金。

（3）除上述的处罚规定外，委员会主席在其自由裁量权范围内，在行政程序中，有充分理由，可以建议对被告进行较轻的民事处罚或免于民事处罚。

（4）发送再犯违法通知书的限制。

（a）在以下情况下，委员会主席不得发送再犯违法通知书：（ⅰ）在行政程序开始之前的25天内，被告被发现或者承认违法行为；（ⅱ）在行政程序开始之前，该申请已经部分或全部通过被否决的30天后或者根据协议同意已经失效，被告已经向委员会提交申请适当同意，使以前行为合法化或开工以纠正之前的不法行为。如果被告已经向委员会提交一次以上的此类申请，30天的起始日期应该从第一次此类申请被全部或部分否决后或者根据协议同意已经失效之日起计算。

（b）根据有管辖权的行政特别法庭的程序规定，本条款不禁止委员会主席为澄清在违法通知上的违法状况，发出补充通知；也不禁止委员会根据本章规定的独立违法行为，发出系列违法通知。在同一行政主体收到最初违法通知之前，补充通知应在同日收到回执。

（5）相同工程引起的多个违法行为。

如果在违法通知书中描述的工程未经过委员会同意，针对该工程的民事罚款总额，应该在合理的范围内，分别考虑和评估不同工程的种类和/或对历史区域内的地标、内部地标、建筑遗产的被保护特征所产生的影响进行计算。在任何情况下，首次违法行为的民事罚款不得超过5000美金。如果违法的工程在建筑物出租期间或在所有权人以外的他人控制期间进行，被告是相关建筑的所有权人，民事罚款不应单独由各个不同工程和/或各个不同影响进行计算。

（6）宽限期。

（a）如果在违法通知书收到回执之日前，被告向委员会承认犯下违法行为，并向委员会提交相关证据，证明已经纠正违法行为，则不得针对初次违法行为，在行政程序执行任何民事处罚。如果被告关于消除违规的情况，向委员会进行错误陈述或者故意隐瞒实质性事实，被告将被处以10000美金以下的民事罚款。

(b) 如果在违法通知书收到回执之日前,被告根据委员会规定,承认违法,并向委员会提交申请,将相关工程合法化使其不再违反相关规定,委员会不得针对初次违法行为,在行政程序执行任何民事处罚。

(c) 本条款的规定不适用于再次违规的情况,或者被告违反停止施工命令的情况,或者在收到根据 25-317 条款 b 第 1 项下的警告后,被告应改正违法行为或申请许可或采取其他解决方法,但被告没有进行改正。

§25-317.2　违反地标法:法律执行

a. 停止施工命令。

(1) 当委员会主席有正当理由,认为正在进行的工程违反了本章的规定,可以签发停止施工命令。停止施工命令可能由委员会主席签发或者由其授权代表签发。由委员会主席签发的命令应当附上本人签名,或者委员会主席可以授权其代表签署其姓名。

(2) 该命令可以根据委员会规章,以书面或者口头的形式颁发给相关管理人员,或者管理建筑遗产的人员,或者参与正在进行的相关工程人员,或者相关建筑的所有权人,或者管理整体建筑的相关人员。警察部门和建筑部门应当根据委员会主席的要求,帮助委员会主席执行该命令。如果口头形式下达停止施工命令,在该命令下达后 48 小时以内,以书面形式把命令邮寄给违法行为发生的建筑地址上的人。

b. 命令内容。

委员会主席签署的停止工施工命令,应当合理描述违法行为或者违法工程的情况。本条款的"合理描述"是指对违法行为或违法工程的情况描述,合理地描述具体情况,足够详细,使一个理性人认识到:(1) 已经进行或正在进行的工程未获得委员会的合理同意;(2) 开工或维持的状态违反了本章的条款。命令应当按照税收地段或街道地址清楚地把目标建筑列出来,并且应当发送给建筑遗产的负责人或造成非法施工,或授权、监管、允许非法工程进行的负责人。委员会主席应当向每个违反本章规定的负责人发出停止施工命令。

c. 除本条款规定的任何改正或惩罚措施,如果未能遵守停止施工命令,应当处以每天 5000 美金的民事罚款。如果不服,可以以委员会主席为被告提起民事诉讼或者通过行政审判和听证办公室、环境管控理事会、其他拥有管辖权的特别审判法庭的行政程序提出撤销。

d. 强制执行程序。

(1) 如果违反本章任何条款的规定或者未能执行由委员会主席签发的停止施工命令,或任何人将要参与或者准备参与任何行动,该行动可能造成违反本章条款规定的,委员会主席应当请求本市司法部门主要负责人采取必要行动或程序,阻止、改正或者废除违法行为或者潜在违法行为,从而执行该命令或者根据本章规定进行民事处罚。本市司法部门主要负责人应当为实现此目的,采取必要合适的行动或程序。

(2) 在任何有管辖权的法庭上,本市司法部门主要负责人应以城市的名义采取上述行动和程序。无论通知与否,上述行动和程序包括申请限制命令、初级禁令或其他条款规定的补救方法。

e. 违法通知；推定证据。

在任何诉讼或程序中，如果委员会主席断定，违反委员会执行的法律规章或者未遵守委员会主席发出的符合法律的命令，违法通知书应当作为所陈述的任何事情的推定证据。

f. 警察、委员会的官员和雇员或由委员会主席委任的其他城市部门的雇员应当执行本章的规定，有权签发刑事法庭传唤和出庭传票的回执和向行政审判和听证办公室、环境管控理事会、其他拥有管辖权的特别审判法庭出具违法通知书的回执。

§25-318 委员会对提议工程计划的审查报告

a. 建造、重建、改动或损毁任何建筑遗产或可能授予建筑遗产称号的建筑：

（1）由城市拥有且建于城市拥有的土地之上；

（2）是建立于地标坐落地之上或在历史区域内或包含内部地标的建筑遗产；在城市采取批准或授权使用保证工程顺利实施的计划之前，由负责该计划的城市行政部门将计划送达委员会。委员会准备报告。该报告应当递交给市长、城市理事会和负责部门，在送达后的 45 天内公布在《城市记录》。

b.（1）任何根据法律有权批准城市资助的工程的建造或执行官员或部门，除非在之前已获得委员会关于计划、提议或申请批准的报告，不得对该工程的计划、提议、批准申请予以同意。

（2）所有上述计划、提议或申请在考虑批准之前应当通知委员会以便委员会做出报告，由相关官员和部门进行通知工作，委员会应当向每一位官员或每个部门递交此报告，并且此报告应当在通知后 45 天内公布在《城市记录》。

c. 除第 25-303 条款 d 的规定之外，在城市采取批准或授权使用保证工程顺利实施的计划之前，委员会要求对建造、重建、改动、损毁任何景观地标的景观特征的工程做出报告，由负责该计划的城市部门向委员会送达计划，委员会准备报告。该报告应当递交给市长、城市理事会和负责部门，在送达后的 45 天内公布在《城市记录》。该报告不应推荐否决任何依据土地、雨水处理、水道的相关法律法规，实施的土地轮廓和翻土工程的计划。公园与休憩的管理者可以要求委员会出具在景观地标附近的工程的报告。该报告应当公布在《城市记录》。

d. 除本章授予的权力之外，委员会有本章第 37 条所特别授予的权力。

§25-319 规章

委员会认为有必要为实施本章规定，随时公布、修正、撤销下列规定，包括但不限于以下规定。

(a) 根据本章第 24-304 条款的规定，保护、保存、提升、延续和使用地标、内部地标、景观地标和历史区域。该规定应用于一个或多个历史区域或历史区域的一个部分或多个部分。根据相关条款，各个区域的情况可能有所不同；

(b) 根据本章第 25-309 条款规定，委员会关于整体建筑的盈利能力的决定；

(c) 委员会为执行本章规定的职能、职权和责任的程序，包括委员会根据本章规定，通过邮件或者其他方式送达通知书的程序；

(d) 在工作程序中，委员会使用的各个表格。

§25-320 调查与报告

委员会认为需要或适合落实本章的目的,应随时进行调查和研究,对保护、保存、提升、延续和使用地标、内部地标、景观地标、历史区域以及修缮地标、内部地标、景观地标、历史区域的建筑进行调查和报告。委员会应当向市长和其他城市部门提交以上报告和建议。为了进行上述调查和研究,委员会应当举行必要的相关公众听证会。

§25-321 适用条款

如果由建筑部门颁发开工许可,本章不适用对在地标坐落地或在历史区域或包含内部地标或景观地标的景观特征的建筑遗产的建造、重建、改动、损毁。如果依据本章第25-303条款的规定,在授予称号或修改授予称号有效日之前,在景观地标上的工程规划已经获得许可,对在景观地标上的整体建筑或景观特色之上的建筑遗产或财产,首先适用本章的规定。

25-322 通知、租赁通知

a. 当委员会授予一个建筑或财产地标、地标坐落地、内部地标和历史区域称号或修改授予称号,委员会应书面通知该建筑遗产或财产的所有权人。该通知应当根据财务委员会办公室记录的所有权人最新地址,发送给所有权人,或者发送至整体建筑或财产的街道地址,收件人署名是"所有权人"。如果委员会未能成功送达该通知,按照本章规定的有关整体建筑的行动或程序不会无效或受到影响,除非根据本条款 d 的规定,任何行动或者程序都不得在此通知发出后的 30 天内开始。

b. 地标、内部地标或位于地标坐落地之上或在历史区域内的建筑或财产的所有权人或负责人有义务,在出租、转租、续租时,与其他非居住承租人之间有一份特别通知。该通知书应当明确规定:除按照本章第 25-302 条款的规定进行的普通修缮和维修工程之外,依据本章第 25-305 条款,第 25-306 条款,第 25-309 条款或第 25-310 条款的规定,承租人必须在建筑遗产或财产的任何内部或者外部工程开工之前,获得委员会的许可。在租赁和转租所有或者部分建筑遗产期间,当建筑遗产或相关建筑被授予地标、内部地标或作为历史区域的一部分,租赁或转租的出租人应当按照上文所示,在收到委员会或相关负责人的书面通知 30 天内,向所有非居民承租人发出上述书面通知。

该通知应当通过经过验证或注册的邮件方式发送,发送给所有承租建筑遗产第一层和第二层的非居住租户,应当要求有签收凭条;该通知书应当通过所有合理方式发送给所有其他非居住租户,以确保该通知已经发送。

c. 如果委员会认为实施本条款有必要,可以制定规章,通知所有非居民承租人服从其管辖。

d. 任何违反本条款 b 规定或者规章的,应当受到民事处罚,每次违法行为处以 5000 美金以下的罚款,且该违法行为的处理可以转交至环境管理董事会。

附录3 美国《国家历史保护法（修订版）》节选[①]

第1条

（1）国家的精神和发展方向植根于历史遗产，并从历史遗产中得到反映；

（2）为了给予美国人民以指引，国家的历史与文化基础作为社区生活与发展鲜活的一部分应当保护；

（3）对国家遗产有重要意义的历史财产不可逆转地而且不断加快地正在消失或者实质上改动；

（4）保护这些不可替代的遗产是一项公共利益，是为美国下一代鲜活地保存和不断扩大文化的、教育的、审美的、精神的、经济的利益；

（5）面对不断扩张的城市中心建设、高速路修建、住宅区和商业区扩展以及工业发展，目前政府和非政府组织的历史保护项目和活动不足以保证下一代可以享有和欣赏丰富的国家遗产的机会；

（6）对历史资源不断增加的认识，建立一套认定和管理历史资产的更好的体系，鼓励对他们的保护，可以提高联邦和联邦资助项目的规划和执行，将会有助于经济的成长和发展；

（7）虽然私人组织和个人承担历史遗产保护的主要重担，他们也付出了主要努力并且继续扮演了重要的角色，但是对于联邦政府实施以下活动是必须和适合的：加速推进联邦历史保护的项目和活动，给予各种组织和个人的民间保护行为以最大鼓励，协助各州和地方政府以及国家历史保护信托基金会，扩展和加速推进他们的历史保护项目和活动。

第2条

与其他国家合作，与各州、地方政府、印第安部落和私人组织和个人建立伙伴关系共同实施以下联邦政府的公共政策。

（1）使用各种方法（包括财政和技术）创造条件，使我们现代社会和史前资源以及历史资源富有成效地和谐共生，满足我们这一代和下一代社会、经济的和其他需求；

（2）作为领导者，保护美国的史前和历史资源，保护国际社会史前和历史资源，与各州、印第安部落、夏威夷土著组织、地方政府建立伙伴关系，管理国家历史保护

[①] 翻译依据：Cultural Resources National Park Service U. S. Department of the Interior Federal Historic Preservation Laws The Official Compilation of U. S. Cultural Heritage Statutes 2006 Edition.

项目；

(3) 为我们这一代和下一代的利益，以管家精神，管理联邦拥有所有权的、管理的或控制的史前和历史资源；

(4) 推进联邦政府不享有所有权的史前和历史资源的保护，积极鼓励各种组织和个人的民间保护行为；

(5) 鼓励公共和私人保护行为，充分利用国家历史营造环境中每一个可利用的元素；

(6) 协助各州和地方政府、印第安部落、夏威夷土族居民组织以及国家历史保护信托基金会，扩展和加速推进他们的历史保护项目和活动。

第一部分 历史保护项目
第 101 条

(a)

(1)

(A) 授权内务部部长负责：扩充和维护国家历史场所登录，登录在美国历史、建筑、考古、工程和文化上有意义的历史场所、遗址、建筑物、构筑物和物品。尤其是根据《美国法典》第 15 章第 1125 节（c），已经列入《国家历史场所登录》或者适格登录的建筑物和构筑物，或者由州或者地方政府授予历史地标称号的单独建筑物，或者历史场所中的标志性建筑，可以保留历史名称。

(B) 符合第 2 节规定的国家历史地标标准的历史财产应当授予"国家历史地标"称号，并且根据第 6 节登录在"国家登录"中。所有在 1980 年 12 月 12 日（该日，《国家历史保护法》进行修改）已经列入"国家登录"的财产被认为初步符合本法的规定。1979 年 2 月 6 日被授予"国家历史地标"称号列入"国家登录"的历史财产或者在本法生效之前被国会宣布具有国家重要历史意义，可以成为"国家历史地标"，应该认为符合本法和 1935 年 8 月 21 日法规的标准，除非"国家历史地标"的四至未确定，首次在"国家登录"上公布。

(2) 内务部部长在与国家历史和考古协会商量后，有权设立或者修改登录标准、授予国家历史地标的标准，必要时，可以制定或修改下列规章：

(A) 对历史财产以及经过认证的地方政府推荐的历史财产，提名或者撤销登录：

(B) 授予或者撤销授予国家历史地标称号；

(C) 审查对上述推荐、提名、撤销和授予称号的行政复议申请（或者任何向有关机关提名或授予称号失败或者被拒绝而提出复议）；

(D) 根据《保护世界文化和自然遗产公约》的规定，向《世界遗产名录》提名登录的历史财产；

(E) 决定适格在"国家登录"上登录的历史财产；

(F) 如果认为历史财产可以在"国家登录"上登录、授予国家历史地标称号、向《世界遗产名录》提名，应当通知历史财产所有权人、相关地方政府、公众。

(3) 根据第 6 条的规定，符合本条（b）款规定执行历史保护项目的州，应当向内务部部长提名符合本条（a）款标准的历史财产。根据第6条，任何符合本条或者第110条（a）（2）提名的历史财产应当在内务部部长接到提名申请以及其他资料第45天在《国家登录》上登录，除非内务部部长在45日内不同意提名或者根据第5款提起复议。

（4）只有在历史财产所在的州没有符合本条（b）款的历史保护项目情形下，内务部部长按照第6条的规定直接接受个人或者地方政府的提名申请。如果内务部部长认为历史财产符合第2条规定的标准，他可以决定批准该申请。该决定应当在接到提名申请90日内做出，除非对该提名提出复议。

（5）任何人或者地方政府可以向内务部部长关于历史财产在"国家登录"上登录提起复议，也可以根据本款因为有提名权的机构提名失败或者拒绝提名向内务部部长申请复议。

（6）内务部部长应该制定下列规定：在任何历史财产或者历史区域在"国家登录"上登录或者授予国家历史地标称号之前，历史财产的所有权人或者共有人、历史区域中历史财产的所有权人的绝大多数应当有对登录或授予称号赞成或反对的机会（包括合理时间）。如果历史财产的所有权人或者共有人、历史区域中历史财产的所有权人的绝大多数人反对登录或授予称号，该历史财产不能在"国家登录"上登录或者授予国家历史地标称号，除非反对被撤销。如果出现反对登录或者授予称号的情况，内务部部长应当审查，决定该历史财产是否符合登录或授予称号的标准。如内务部部长决定该历史财产有登录或者授予称号的资格，应该把他的决定通知历史保护咨询委员会、相关的州历史保护官员、地方负责人以及历史财产的所有权人或共有人。根据本法制定的规定应当包括单个财产存在多个所有权人的情况。

（7）内务部部长应当制定或者修改以下规章：

（A）确保有重要价值的史前和历史艺术品以及相关记录，根据本法110条（美国法典第16章470条h-2款），1960年6月27日的法规（美国法典第16章469条c款），以及1979年考古资源保护法（美国法典第16章470条aa款以及相应条款），应当在具有长期保管能力的机构保存；

（B）为了编入或者补充在国会图书馆的国家历史建筑和土木工程记录档案，统一由公共机构和私人团体提供的历史财产编录资料的程序和标准。

（C）根据本条（c）（1）款，对地方政府给予认证以及根据本法103条（c）款（美国法典第16章470条c（c）款）划拨资金。

（8）内务部部长在和历史保护咨询委员会和州历史保护官员协商的基础上，每四年至少一次审查登录或者有资格登录的历史财产是否受到严重的威胁，目的是：

（A）判断可能受到威胁的财产种类；

（B）确定产生威胁的原因；

（C）采取向总统和国会提议适合的行动。

（b）

（1）内务部部长在和全国州历史保护官员联合会和国家历史保护信托基金协商的基础上，应当制定或者修改关于州历史保护项目的规章。该规章应当规定：如果内务部部长认为州历史保护项目符合下列条件，该项目根据本条呈交给内务部部长时，内务部长应当同意该项目：

（A）根据本条（3）款，由州长委派和任命州历史保护官员管理州历史保护项目，州历史保护官员有权雇用或者任命专业的能够胜任的工作人员完成工作。

（B）由州历史保护官员组建一个符合要求，能够胜任工作的州历史保护审查委员会，除非州法律规定不同；

（C）在州历史保护项目中有充分的公众参与，包括向"国家登录"提名推荐的历史财产的程序。

（2）

（A）根据本条的规定，同意州历史保护项目后，内务部部长在与历史保护咨询委员会协商后，与州历史保护官员合作，定期，但是不能少于每4年最少一次，对该项目进行评估，以确定该项目是否符合本法。

（B）在任何时候，如果内务部部长认为州历史保护项目的绝大部分没有遵守本法，内务部部长可以否定该项目，推迟与州和州历史保护官员的合同或者合作协议的部分或全部履行，除非该项目符合本法或者内务部部长认为在合理期限内，该项目经过整改后可以符合本法。

（C）内务部部长在和州历史保护官员协商后，应当建立确保州历史保护项目连续性和质量的监管方法，不能给州历史保护官员增加不合理的审查负担。

（D）内务部部长自由裁量决定，州年度审计和管理系统取代类似的联邦系统，只要州系统：

（ⅰ）建立和使用的审查标准在实质上是相似的；

（ⅱ）提供独立的专业的同行审查。

内务部部长也可以根据本条对已经通过的州历史保护项目在必要时，进行年度审计，确保该项目符合可适用的审查标准。

（3）州历史保护官员管理州历史保护项目，承担以下责任：

（A）与联邦和州政府部门、地方政府和私人组织、个人合作，指导和进行全州范围的历史财产综合调查，并且编制和保存该财产目录。

（B）甄别历史财产是否有资格在"国家登录"上登录并且提名，管理向《国家登录》申请列入的申请。

（C）准备和实施州历史保护综合规划。

（D）管理联邦资助的州历史保护项目。

（E）对联邦和州政府机构、地方政府在履行其历史保护职责适合时，提供建议和帮助。

（F）与历史保护咨询委员会、其他联邦和州政府机构、地方政府和组织、个人合作，确保历史财产在各层级的规划和开发中能够得到考虑。

（G）在历史保护中，向公众提供信息、教育、训练和技术帮助。

（H）在地方历史保护项目的开发中，与地方政府合作，帮助地方政府根据本条（c）款获得认证。

（I）根据本法，就下列事项，与相关联邦政府机构协商：

（ⅰ）联邦项目可能对历史财产有影响；

（ⅱ）保护、管理、降低或者减轻对历史财产的损害的任何开发规划的具体内容和论证的充分性。

（J）对可能符合联邦资助标准的维修工程的申请，进行评估时，提出建议和帮助。

（4）任何州在执行根据本条所规定的职责或部分职责时，应当与符合要求的非营利性组织或者教育协会，签订合同或者合作协议。

（5）任何根据以前的法律，生效的州历史保护项目被认为根据本条的规定是批准的，最早的日期是：

（A）根据本节，州向内务部部长提交，经内务部部长批准的日期；

（B）1992年10月30日（1992年《国家历史保护法》修改的日期）三年后的日期。

（6）（A）根据本条（C）款和（D）款，为落实以下责任，内务部部长可以和州历史保护官员签订合同或者合作议定书：

（ⅰ）历史财产的认定和保护；

（ⅱ）决定是否符合在"国家登录"上登录；

（ⅲ）准备向"国家登录"提名；

（ⅳ）维护和保存历史和考古数据；

（Ⅴ）评估联邦历史保护激励机制。

上述条款没有授权州历史保护官员或者除内务部部长之外的个人，有权保留州历史财产在"国家登录"。

（B）在下列情况下，内务部部长可以根据本条（A）款签订合同或者合作协议：

（ⅰ）州历史保护官员需要增加额外的责任；

（ⅱ）根据本条（b）（1）和（2）款，内务部部长已经批准州历史保护规划；

（ⅲ）州历史保护官员已经同意以内务部部长接受的高效方式落实额外责任，内务部部长认为该历史保护官员有完全的能力落实该责任；

（ⅳ）州历史保护官员同意：内务部部长在其权限范围内，有权对根据上述合同或者合作协议所做的决定进行审查和修改；

（Ⅴ）内务部部长和州历史保护官员同意：增加额外的财政资助以弥补落实上述条款的责任。

（C）对于有重要意义的保护规划，内务部部长在其权限范围内可以对历史保护官员履行职责的评价制定特殊条件和标准。

（D）上述条款不影响国家公园管理局缩减历史保护的计划和活动。

（c）

（1）根据本条批准的州历史保护项目，州历史保护官员参与认证，确保地方政府执行本法，根据本法103（c）[美国法典16章470c（c）款]资助给州的资金部分转移给经过认证的地方政府。如果相关的州历史保护官员、内务部部长认为地方政府符合下列要求，可以予以认证：

（A）地方政府执行州（或者地方有）关于历史财产的提名和保护的法律；

（B）根据州或者地方法律规定，地方政府已经建立一个有效的历史保护审查委员会；

（C）为实现本条（b）款的目的，对历史财产进行普查并编制目录；

（D）在地方历史保护项目中，有公众充分参与历史保护的机制，包括向国家登录推荐历史财产的程序；

（E）根据本法能够圆满履行提名的职责。

如果没有州历史保护项目，内务部部长认为地方政府符合上述（A）到（E）款的规定，可以对该地方政府通过认证，并且根据本法的规定进行资助。

（2）（A）对于在认证的地方政府权限中的历史财产，在考虑向国家登录提名之前，州历史保护官员应当通知历史财产所有权人、地方首脑、地方历史保护委员会。在为公众提供合理的发表意见的机会后，委员会应当对该财产是否符合国家登录的标准，发表独立意见的报告。在收到州历史保护官员的通知60天之内，地方政府首脑把委员会的报告和推荐意见送达州历史保护官员。除本条（B）款规定之外，在收到该报告和推荐意见，或者在60日之内没有收到该报告和推荐意见，州应当根据本条（a）款进行提名。州可以和地方政府一起加快该过程。

（B）如果委员会和政府首脑都认为该历史财产不应该向国家登录提名，州历史保护官员应当停止进一步行动，除非在接到推荐意见30日内，州提出行政复议，根据本条（a）款规定进行提名程序。州把报告和推荐意见，包括提名呈交给内务部部长。

（3）任何根据本条认证的地方政府或者努力成为认证的地方政府都有资格根据本法103（c）（美国法典16章470c（c）款）获得资助，应当承担根据内务部部长认为必须或者建议的相应的责任。

（4）本条的术语：

（A）认定：是指符合州设立的标准或者具有地方特色（在地方政府的管辖范围内具有重要的历史或者史前价值）的历史财产进行判别和登记；

（B）保护：是指地方政府根据州或者地方法律，对可能影响已经认定为历史财产的拆毁、改造或者其他行为进行审查的过程。

106条

任何有直接或间接对联邦或联邦资助在任一州的项目有管辖权的联邦机构首脑，以及任何有颁发许可证权力的联邦部门或独立部门的首脑，在任何联邦拨款批准拨付前或者任何有关的许可证发放前，应当考虑相关项目对已登录或有资格登录在国家历史场所登记名册上的区域、遗址、建筑、结构或物品的影响。任何本条所涉及的联邦机构应该向历史保护咨询委员会提供一个合理评议该项目的机会。

110条

（a）（1）联邦机构首长负责保护机构享有所有权或者控制的历史财产。根据行政命令13006号，为了履行机构责任，在获得、建造或者租赁办公楼之前，联邦机构应当最大可行性地使用历史财产。每个机构承担的机构任务应当和历史财产的保护相一致，根据本法101条（g）款，建立专业标准，执行本条任何历史保护的规定。

（2）在与内务部部长协商后，每个机构应当（除非根据本法 214 条获得豁免）建立一套认定、评估和向"国家历史场所登录"提名以及历史保护的体系。该体系应当确保：

（A）认定、评估和向"国家历史场所登录"提名机构拥有管辖权或者控制的历史财产。

（B）管理和维护已经或者有资格登录在"国家登录"上的机构拥有管辖权或者控制的历史财产，管理和维护的方式根据本法 106 条的规定要考虑这些财产上的历史的、考古的、建筑的和文化价值，对于已经认定具有国家意义的财产要特别考虑。

（C）对于机构不享有所有权或者控制的历史财产，但是受到机构行为的潜在影响，应当在规划时给予充分的考虑。

（D）机构的与保护相关的行动在执行时应当与执行保护规划的其他联邦机构、州和地方政府、印第安部落、夏威夷土著组织和私人部门协商。

（E）制定符合本法 106 条的行政程序：

（ⅰ）应当符合历史保护咨询委员会根据本法第 211 条授权制定的规章。

（ⅱ）制定为列入"国家登录"的历史财产的认定和评估工作流程，制定协议的实施和进展的工作流程。在制定工作流程时，要与州历史保护官员、地方政府、印第安部落、夏威夷土著组织和适当的感兴趣的公众协商，要考虑哪些方法会对历史财产产生不利影响。

（ⅲ）要遵守《美国土著坟墓保护和返回法》第 3 条（c）的规定，制定来自联邦或者部落土地上的美国土著文化物品的处置办法。

（b）每个联邦机构要确保：当联邦行为或联邦资助的行为将导致历史财产实质上改动或者拆毁，应当立即采取措施，对历史财产进行或已经进行信息采集并记录在案，根据本法第 101 条（a）款规定，为以后使用和参照该资料，存放在国会图书馆或者内务部部长指定的其他适合的机构处。

（c）联邦机构的首长（除非根据本法第 214 条获得豁免），应当任命一名符合要求的机构历史保护官，历史保护官根据本法负责机构活动的协调工作。为了符合要求，历史保护官要参加本法 101 条（h）授权内务部部长组织的培训活动。

（d）与联邦机构的任务和委托的工作相一致，所有联邦机构的项目和工作（包括联邦资助或者颁发执照、许可证或其他同意的项目）必须符合本法的目的，要考虑项目和工作是否会推动本法目的的实现。

（e）内务部部长在接到转移机构拥有的多余历史资产的计划后 90 日之内，审查该计划并决定是否同意，以确保该财产上史前的、历史的、建筑的或者文化上的有重大意义的价值得到保护或提升。

（f）在同意任何直接对国家历史地标造成不利影响的联邦工作之前，负责的联邦机构首长应当尽最大可能采取对该地标造成最低影响的计划和行为，并且给历史保护咨询委员会一个对该项工作进行评论的合理机会。

（g）根据本法发生的联邦机构的保护活动费用可以作为合理项目费用纳入该机构的所有工作或者资助工作的支出中。合理项目费用包括联邦机构向州支付的用于州承担根据本法规定的联邦机构的保护责任。合理费用可以向申请联邦执照或许可的申请人收取。

（h）内务部部长应当建立对保护工作的年度奖励机制（金钱奖励不超过1000美元），以表彰联邦、州和取得认可的地方政府的官员和雇员在历史资源保护工作中取得特殊成绩和贡献。该奖励可以纳入美国总统的美国公民年度奖中。

（i）内务部部长应当制定，在发生重大自然灾害或者对国家安全产生迫在眉睫的威胁时，免除部分或全部本法规定的责任的规章。

（k）联邦机构应当确保对有意回避第106条规定，对历史财产恶意造成损害的申请人，不发放贷款，贷款保证，颁发执照、许可或者进行其他资助。如果对历史财产造成恶意损害，收回贷款或者采取法律授予的权力予以制止。除非在与历史保护咨询委员会协商后，尽管申请人对历史财产产生或许可造成不利影响，但是资助是公正的，可以决定予以资助。

根据本法第106条，对已经或者有资格登录《国家登录》的历史财产将产生不利影响的任何工作，联邦机构没有与历史保护咨询委员会达成一致意见，机构首长根据第106条规定将决定记录在案。根据本条款，机构首长不能免除此项义务。如果根据第106条规定达成谅解备忘录，该备忘录适用于该项工作的各个方面。